一 瓷 一 故 事

YICIYIGUSHI

名家带你赏清代名瓷（一）

MIINGJIADAINISHANGQINGDAIMINGCI

余春明／著

江西美术出版社
全国百佳出版单位

目录
Contents

序言

——17 世纪，荷兰人的世界

现今中国人对现实稍不满意就会拿西方社会的例子来比较，以鉴别当今中国社会的利弊。而在 300 年前的欧洲，也会借中国的例子来鉴别本国的事务，如：中国官员是通过考试选拔出来的，而不是因为出身显赫的家族，奥地利皇帝也学康熙皇帝的样儿在春天到农田去扶犁耕田，等等。中国的五千年历史挑战着《圣经》中《旧约全书》对世界的描绘，因此人们充满了对中国的好奇与向往，人们开始用中国瓷器并装饰瓷器柜；建有宝塔、凉亭的中式庭院；向往到中国旅游，众多中国游记的出版也传播并推动了"中国风"的扩展。然而，早先葡萄牙人到中国，除了带回中国瓷器和丝绸等商品外，他们的重点是向中国传教，推动欧洲了解中国的作用不大，掀起"中国风"的虽然是法国路易十四国王，但最开始是荷兰人和英国人，他们对中国的瓷器贸易起到了巨大的铺垫作用。

与葡萄牙人不同，荷兰人于 17 世纪占据了海洋优势以后，重点是与中国做贸易而不是传教，许多商人、使臣来到中国。如约翰·尼霍夫（Johan　Nieuhof）的《荷使初访中国记》里有大量关于中国风景的画（图 1）和描述的中国游记，使当时不能去中国的普通荷兰人能了解中国。因此，富裕的荷兰人以拥有中国物品为荣，当年画家伦

图 1. 北京城外观，图片来自《〈荷使初访中国记〉研究》图 78

勃朗收入还不错时，也买了包括轿子在内的中国物品。从荷兰开始拍卖中国的瓷器和货物，许多人借此拥有中国物品，进而掀起"中国风"的传播。

17 世纪是荷兰人的世纪。荷兰，这样一个领土狭小、人口稀少的国家，居然能够占据半个地球并创造出无与伦比的繁荣，确实是个奇迹。

荷兰在古代归尼德兰，皇帝是查理五世（Charles V，1500~1558），而这个查理五世同时又是西班牙国王（1516），后又成为罗马帝国的皇帝（1519）。在当时，作为社会性质的天主教教皇是欧洲的最高领袖，而于 16 世纪开始的宗教改革运动渐渐分割欧洲的土地：有的地方是新教的，有的地方是天主教的。查理五世于 1555 年辞去尼德兰皇帝，由他儿子菲利普二世（Phlip Ⅱ，1527—1598）继任，当时在尼德兰南部与北部因宗教问题而分裂，南部包括现在的比利时和法国东北部地区，是天主教地区，而北部是新教地区。因此，在不久后的 1566 年尼德兰革命爆发，1579 年尼德兰北方 7 省和南方部分城市缔结同盟，爆发了荷兰独立战争。1581 年废除了西班牙国王菲利普二世的统治，正式成立荷兰共和国。

这是一个新教的国家，人们奉行的宗教理念是：谁最富有，就说明神最关照谁。他们勤俭节约，从不摆排场浪费，和天主教教皇金碧辉煌的大教堂格格不入。在 17 世纪中叶，荷兰最有钱时，他们决定要在阿姆斯特丹建造一座市政厅来表现他们国家的荣耀和成就。他们尽可能地做到壮观雄伟，但看起来依然是简单而无法与意大利、梵蒂冈相比（图 2）。

图 2. 荷兰 17 世纪市政厅，1648 年，图片来自《艺术的故事》第 414 页

16 世纪末的荷兰，商业已非常发达，各种行会、商会层出不穷，发了财的商人开始请画家画像，把以前给予神的荣耀给了自己，使自己的画像能传给后人（图 3）。原来归属于西班牙的荷兰，开始向外扩张、掠夺财富，首先他们把眼光瞄准西班

图 3. 荷兰东印度公司总督们的肖像，作于 17 世纪，图片来自 The Dutch East India Company 第 59 页

牙。1602 年，他们抢劫了西班牙商船，船上的中国货物使他们国力大增，并于当年成立了东印度公司，向亚洲扩展贸易。荷兰东印度公司简称 VOC，其纹章瓷早期在日本订制，雍正时期在景德镇也订制了公司的粉彩纹章瓷，成为中国纹章瓷中极为珍贵的品种之一（图 4）。

荷兰东印度公司最初有 358 名股东，其中有 39 个德国人和至少 301 个比利时人。因为中世纪时的尼德兰也包括了现在的法国东北部、

图 4-1. 日本青花 VOC 瓷盘，约 1670 年，图片来自 *The Choice of Private Trader* 第 39 页

图 4-2. 雍正粉彩荷兰东印度公司纹章瓷，图片来自 *Chinese Export Ceramics* 第 10 页

卢森堡、比利时等地，所以荷兰东印度公司虽然是由各股份公司组成的，但一开始就是跨地区的股份公司。而它是世界上第一家跨国公司和第一家发行股票的公司，同时是第一家被政府授予了对外战争、开辟殖民地和铸币等权力的公司。

公司设有一个董事会，由于股东比较多，所以成立了一个由 17 人组成的"十七人董事会"（Heeren XVII），任何经营的事情都由他们集体决定。这 17 人代表主要股东：阿姆斯特丹（Amsterdam）8 名，泽兰（Zeeland）4 名，其他城市共 4 名，还有 1 名由其他商会轮流担任。因此阿姆斯特丹的商会主要控股，在以后的运作中，包括请阿姆斯特丹著名艺术家普龙克（Portret van Cornelis Pronk，1691~1759）做唯一一次设计，阿姆斯特丹的代表都是起了决定性作用。

由于荷兰东印度公司具有武装开拓与行政权力，所以，刚成立就所向无敌。1602 年，公司在南中国海击败了西班牙船队，于同年掠夺了葡萄牙克拉克号（Karrack）商船，并在 1602—1622 年间，两次攻打中国的澎湖列岛。这些都显示出该公司带有强烈的侵略性质，而不是一般的贸易公司。因此，直到 1623 年（天启三年）间，荷兰东印度公司在中国南海与明王朝一直有着战争冲突，1623 年与明王朝达成协议，退出澎湖列岛，于 1624 年占据了台湾。两年以后，西班牙人为控制贸易权，从吕宋岛对台湾进攻，并占领了淡水、基隆一带。1642 年，荷兰人又把西班牙人赶出了台湾。

荷兰人很快就控制了南海（1642），但此刻他们发现中国的形势越来越复杂，李自成农民起义，满人入关和大明的最后一个王朝同时在打仗，整个中国乱成一团。他们除了与走私商人做贸易之外，无意与战争的任何一方达成贸易协定。荷兰东印度公司当时的瓷器贸易总量已经非常之大了，从 1625 年他们在台湾稳定了据点之后，瓷器贸易额逐年增加，在 1636—1639 年的三年中，仅购买景德镇贸易瓷就 10 万余件。大约在 17 世纪上半叶，不少于 300 万件瓷器从中国运到欧洲，其中大部分是荷兰人购买的。当康熙元年实行海禁后，荷兰人彻底打消了与中国政府洽谈贸易的想法，把瓷器交易转向了日本九州。因此，荷兰与中国的瓷器贸易，主要在 17 世纪上半叶。明王朝打仗要钱用而与西方各国展开贸易，使瓷器贸易在这段时间迅猛发展。1662—1682 年间，中国实行海禁，基本停止海上贸易，而据荷兰东印度公司的各种材料统计，从 1602—1682 年，荷兰人从中国购买了 1600 万件瓷器。这些瓷器主要是克拉克纹饰瓷，过渡期的中国历史人物故事瓷是不是在荷兰东印度公司贸易瓷的范围内，还没有看到历史记录。

西班牙人和葡萄牙人是天主教徒，商业意识不强，至今天主教国家依然竞争不过基督教国家，像美国人与墨西哥人的区别一样。墨西哥人对竞争、知识和学习进取的意识不强，如今的天主教国家参与世界竞争的能力弱。荷兰的加尔文宗教理论无疑是为这帮勤俭节约的人准备的，"神

图 5. 荷兰东印度公司远洋船，图片来自 *The Dutch East India Company* 第 10 页

关照谁，谁口袋里银子就多"。在海洋贸易的初期，中国政府没有准备好与世界对接，当荷兰人进来时，经历了几十年与欧洲人贸易，中国人已理顺了对外商业贸易秩序。所以，便宜都让荷兰人占了，先来的不等于先赢。

17 世纪中后期，荷兰东印度公司已经成为全世界最富有的私人公司，拥有 150 艘以上的远洋商船（图 5），40 艘战船，5 万多名员工和 1 万名雇佣兵。1621 年成立西印度公司，他们到非洲去贩卖奴隶。1637—1642 年间，他们在非洲海岸建了 6 个基地，仅在 1635—1645 年间，就向中南美洲运输了约 25000 名非洲奴隶。荷兰人在北美开采矿产，在中南美洲和非洲展开种植业，在不到 100 年的时间里，荷兰迅速崛起成为世界超级强国。

图 6. 郁金香花克拉克瓷，图片来自 *Kraak Porcelain: A Moment in the History of Trade* 第 112 页

16—18 世纪是西方世界的大航海时代，谁控制了海洋，谁就控制了世界，17 世纪的海洋属于荷兰人。

与欧洲其他国家不同，荷兰是一个市民化的国度，他并没有什么真正的世袭贵族，人们主要靠努力和勤俭来发财致富。如 17 世纪一位阿姆斯特丹富有的商人，他叫伊莱亚斯·特里普（Elias Trip），是一位驳船主的儿子，成年后经营铁器贸易。由于荷兰的向外拓展，他开始做子弹、硝石、大炮等军火生意，并迅速致富。他的贸易关系遍及欧洲各地，并于 1614 年进入了荷兰东印度公司董事会，同时经营了海盐的提炼业和粮食贸易。然后他于 1623 年加入西印度公司，和他的兄弟一起垄断了瑞典的铜矿开采以及烟草、葡萄酒和银行业等。根据他保存完整的账目来看，他一生中大约挣了 3200 万荷兰盾，而当时一个荷兰技工一年的收入最多 100 荷兰盾，大约相当于现在的 20 亿人民币。

荷兰东印度公司与中国的瓷器贸易大多数是从中国和东南亚采买中国原有瓷器，而后在纹饰中加入了一些本国人喜爱并熟悉的纹饰，如在克拉克纹饰中加郁金香图案等（图 6），后来逐年送一些纹饰和绘画到中国去订制瓷器。无论是自己设计绘图，还是选人们喜爱的画家作品去中国

图 7. 过渡期独占鳌头和八仙拜老子图瓶，图片来自 *Chinese Ceramics in the Collection of the Rijksmuseum, Amsterdam* 第 87 页

订制瓷器，以及将历史事件、宗教、文学故事在中国绘制瓷器，荷兰东印度公司都是做得早且最多的（图 7）。

荷兰代尔夫特陶瓷对于推动中国陶瓷文化在欧洲传播起了不可替代的作用。代尔夫特是荷兰南部的一个小镇，于 11 世纪左右建成，后来在 1536 年的一场大火和 1654 年的一次爆炸中城市部分被毁。在这个城市里也诞生了伟大的画家扬·维米尔（图 8）。这里也是荷兰著名的陶瓷小镇，和景德镇一样，代尔夫特蓝陶器以城市名称命名陶瓷，使这座小镇因陶瓷扬名天下。

欧洲陶器文化并没有自己的语言，文艺复兴时期，意大利陶瓷绘画基本上是在陶器上仿油画或画一些装饰图案两种方式（图 9）。从这些陶器绘画上看得出来，陶器绘画写实基本功都非常好，透视也很准确。然而，中国瓷器来到了欧洲，荷兰的代尔夫特率先用青花蓝料仿中国青花画在白色化妆土的表面，而且绘画也完全学中国瓷上绘画。虽然中国散点透视他们无法掌握，中国青花瓷画得不如他

图 8 . 代尔夫特风景, 扬 · 维米尔画, 1658 年, 油画, 收藏于阿姆斯特丹国立博物馆

图 9-1.15 世纪意大利油画风格陶
器，作者拍摄于美国大都会博物馆

图 9-2.15 世纪意大利装饰风格陶
器，作者拍摄于美国大都会博物馆

们的陶器绘画那么写实，但他们依然全面模仿，使代尔夫特仿中国青
花瓷纹饰在欧洲广为传播，并成为"代尔夫特样式"（图 10）。当时
的代尔夫特陶器，不仅仅是在绘画中仿中国克拉克样式等，在器型和
各方面都仿。有些纹样，西方人根本弄不懂，但他们依然完全一样地
仿。如这个"海屋添筹"的纹饰，是中国道教中象征添福添寿的吉祥
纹样，还有官员出巡、加官晋爵纹，等等（图 11）。这是我一位朋
友，美国陶艺协会的老师收藏的一只代尔夫特仿中国的青花瓶，是 17
世纪仿崇祯的"加官晋爵"纹饰，纹饰和器型都是完全仿中国的，从

图 10. 代尔夫特山水人物大盘，
约 1630 年，上海私人收藏

图 11-1. 仿康熙山水人物纹盘，约 1710 年，上海私人收藏

图 11-2. 明晚期代尔夫特仿中国青花瓷，美国加州私人收藏

绘画上看，写实能力较 100 多年前仿油画陶画要差了许多，但那时学中国是时尚的风潮，绘画标准就不是按西方油画标准来衡量的了。

1682 年，康熙帝平定了三藩和台湾，重新发展海上贸易，已经转向在日本生产瓷器的荷兰东印度公司，因为日本瓷器昂贵做得又不好，于是瓷器贸易很快就回到了景德镇。由于日本人学明朝的青花五彩手法绘制，于是在 20 年海禁时期，一种釉下青花加釉上五彩并描金的绘画形式在日本销往欧洲的瓷器中成为主流。这种形式的瓷器对于喜欢彩色的欧洲人来说，当然比单纯的青花瓷要漂亮许多。由于日本瓷区九州的港口名叫"伊万里"，所以，这种样式就被称为"伊万里"样式。因欧洲市场需求，中国伊万里样式从康熙中期开始在景德镇制作，一直延续到雍正晚期，少数乾隆早期也有制作（图 12）。由于伊万里样式要烧三遍，第一遍 1200 摄氏度烧青花，然后是 680 摄氏度烧釉上五彩或粉彩，最后再 500 多摄氏度烤金色，所以比较

图 12-1. 康熙中式伊万里盘，图片来自 *Treasures of Chinese Export Ceramics* 第 187 页

图 12-2. 雍正中式伊万里盘，图片来自 *Treasures of Chinese Export Ceramics* 第 188 页

图 12-3. 乾隆中式伊万里盘，图片来自 *Treasures of Chinese Export Ceramics* 第 184 页

复杂，这个样式较多的是一般性日用瓷器，精品不多。

17 世纪末海禁放开以后，英国开始与荷兰竞争海上霸权。开始时他们的订制和贸易量都不大，到了 18 世纪上半叶英国东印度公司依靠严格的管理制度和商业运作能力，瓷器贸易量逐渐超过了荷兰，而荷兰由于公司的武力开拓，驻军贸易开销太大而渐渐衰落。

001

朝为田舍郎，暮登天子堂
——康熙青花瓷的故事

1990 年的一天，荷兰阿姆斯特丹市的一家销售亚洲艺术品的古董店里来了一位中年男子，他在店里转了转，一眼看上一件青花瓷瓶。他盯着架子上的花瓶看了一会儿，便叫店里的营业员拿花瓶给他看。营业员是一位老太太，美国和欧洲许多的古董店都是由退休的老头老太经营，他们有的是为打发退休时间，有的是一生爱好，退休以后来圆梦。这些老人都特别的敬业而肯钻研，服务态度也非常好，更主要的是他们能坐得住而且动作慢，无论这个世界的节奏多快，一走进古董店都能感觉到时光倒流，进入一个慢节奏的时代。营业员一边拿瓷器一边说："这是无可挑剔的一件瓷器。这是康熙年间的花瓶，你看这蓝色青翠得太可爱了。"

她以惯用的欧洲式夸张口吻赞美着这件花瓶，这位先生拿着这件瓷器在手上反复观赏，然后问道："夫人，您知道这个瓶子是从哪来的吗？"

"当然是从中国。"

"我不是问这个，我想知道这个瓶子怎么到你的店里来的，是通过拍卖来的吗？"

老太太回答说："不是的，是镇上的一家人拿来寄售的，那家人的父辈在 20 世纪上半叶常去中国，他说是那时候由他父亲从中国带来的。"

"你知道这瓶子上画的是什么故事吗？"

"对不起，我不清楚……"

后来，这件花瓶的原主人来了。这是一位干瘦的老者，他告诉购买者说这是他爷爷在中国买的，那是一九三几年的事了。同时买来的还有一些花瓶，他分别在儿子、女儿结婚时送给他们做礼物了。

最后他们成交了。买这件花瓶的先生是荷兰弗兰克尔市一家私人博物馆的主人，这个博物馆名叫"小房子"。这家人有个医生祖先，生于 1717 年，叫格奥尔格·科普曼斯（Georgius Coopmans），是他建了这个房子。欧洲有许多的老房子建于中国的元代、明代，到现在一直完好。在中国，虽然近百年来连年战争，但如果不是最近 30 多年的人为拆除，在中国的大地上介于元朝和明朝的建筑还是不少的，这个医生的后人在 1943 年将这个房子改为博物馆，这种小型的家族博物馆在欧洲有很多，他们收藏一些中国文物，其中有不少中国瓷器，这件青花花瓶也是其中之一。

这一件青花观音尊，高 43.5 厘米，胎体细腻洁白，由口部至底足胎体渐渐厚重，通体除圈足无釉外，其余皆施

图1. 康熙青花版筑求贤瓶, 作者收藏

透明釉, 器型外壁釉面尤为光洁明净, 敞口、束颈, 弧形肩, 长腹下部渐收敛至底部外撇, 底足呈浅台阶状, 整体的形状似观音亭亭玉立, 故有"观音尊"之称谓。这是康熙早、中期较为流行的瓶型, 通常形状高大, 在40—50厘米左右 (图1)。

此瓶描绘的是商殷王武丁的故事, 这个故事最早记载于相传由孔夫子编纂的史料汇编《书经》, 里面有一章节《商书》, 写的是商朝故事, 其中有一篇文章叫"说命", 讲一位名叫"说" (读"悦"音) 的人被商高宗武丁任命为宰相的故事, 该故事也在司马迁的《史记》和唐代孔颖达的《尚书正义》等史书中记载。

故事讲的是武丁继承皇位后, 头三年守孝不上朝, 实则在苦思冥想治国之良策。有一天, 武丁梦见上天赐给他一位治国良臣, 醒来以后他便在朝中宣布, 但大家都不相信。于是武丁便让御用画师将他在梦中见到的人画出来, 并派人拿着画像到各处去寻找, 他告诉寻找的人说: 梦中的那个人在一个建筑工地上。功夫不负有心人, 果然他们在一个叫"傅险"的偏僻地方找到一位酷似画像的民工, 名叫"说", 由于此人没有姓, 他所在地的名字"傅"就成了他的姓氏, 于是他叫

"傅说"。也许他就是傅姓的祖先。傅说担任宰相以后果然治国有方，辅佐武丁改革政治，历史上称这段时间为"殷国大治"。武丁和傅说也成为流芳千古的明君和贤相，后人都很喜欢这个故事，常常以此来宣扬君王的贤德。

花瓶上画着一个人持着一幅画轴，此画轴明显不是商代的形式，我们现在也无法知道商代人的服装和使用器具的模样，明清的绘画常常以唐宋的人物服装等样式来描绘商周、秦汉的历史人物故事。画轴上画的是一个人像，一位官员模样的人站在画前做躬身揖礼状，此人也许就是武丁，前面是一位长胡须的民工模样的人，服装和长相与画中人一样，此情景似乎是描绘刚刚找到此人的时候，武丁正在恭请此人出山辅佐朝廷。左边是一个版筑围着的建筑工地，前面是山石后面是树木，图案上面巧妙地以云纹在肩部结束，使肩部以上的空白处成为白云伸展的一部分，这也是瓷画构图之精妙处。画面右边是一群从官府来的将士官员，其中一人托着大印表示找到此人即刻封侯拜相，还有人托着官服、牵着马，人群立于云水和山石之间，造型生动严谨，构图疏密有致，青花深浅层次尤为丰富，是一幅难得的青花瓷画。在观音尊的颈口部有一条由云头纹和回形纹组合的二方连续边饰收住了口部，也就是因为这条边饰显示出该青花尊具有康熙中早期的特征（图2）。

《版筑求贤》的故事千百年来为文人墨客所喜爱，相传宋朝画家李唐和明代的王谔、唐寅都画过这一题材，可惜现在都看不到这些古代名家的画面。有一幅佚名的画作曾被启功先生鉴定为明代画的"版筑求贤图"。该画具有宋代的构图，下半段近景中是树丛和人物，官府的特使一行三人由左向右向一位民工模样的人打听什么，最右边一个建筑工地上有一组人在干活，有些人停下了手中的活显

图 2. 瓶口局部图

得十分吃惊地看着来人，此画于 2007 年由中贸圣佳国际拍卖有限公司《中国古代书画图目》专场拍卖（图 3）。

在中国古代瓷器上类似这样的君王求贤题材比较多的还有"周文王求贤"（图 4），周文王在渭水边寻找姜太公的故事。

早在 30 多年前，西方有一些学者和藏家开始研究 17 世纪过渡期的瓷器，就是从 1600—1683 年这段时间，也叫转变期。从明晚期开始由于战争的因素，景德镇官窑迅速走向衰落，后来就没有官窑了，而那时候外销市场依然繁荣，因而那些为宫廷服务的最好的瓷工和画工都转入民窑为民间和外销制作瓷器。这件在荷兰弗兰克尔"小房子"博物馆里的版筑求贤青花观音尊就是这个时期官窑画工的作品，画工严谨，构图考究。崇祯后期突然出现了一种特别优美的青花瓷风格，就和这个历史缘由有关。

要研究 17 世纪过渡期的瓷器，不能不提到迈克尔·巴特勒爵士（Sir Michael Butler，1927—2013，图 5）。他是位英国外交官，曾任英国驻欧共体常任代表，也是 17 世纪中国瓷器的收藏家和学者。早在 50 年前，他买下了一座英国古屋，为了装饰当时空着的柜子，来到苏富比拍卖行。

图 3. 被启功先生鉴定为明代画的版筑求贤图局部

图 4. 清康熙青花文王求贤瓶，图片来自嘉德拍卖

当时他购买了一些 17 世纪的中国景德镇瓷器，但是并不了解价值、背景和纹饰等，只是为了让宅邸更漂亮、富贵。但后来，他渐渐地对中国瓷器与文化产生了兴趣。尤其是1981 年香港东方陶瓷学会举办的"转变期陶瓷及其先驱"展览，彻底改变了他的收藏观念。当时他把自己收藏的 30 多件瓷器送到香港借展，但是与其他的藏品相比，他的收藏品就显得不是很好。此后他便开始专门收藏 17 世纪转变期的中国瓷器，卖掉了其他时期的瓷器，并且开始对转变期的陶瓷进行深入研究。他对比了不同时期的瓷器，归纳它们的器型、纹饰、题材、画工等特点，为了更好地了解中国转变期的瓷器，他先后到英国维多利亚及艾伯特博物馆、北京故宫博物院、上海博物馆等各大世界博物馆去参观调查。他自己也在近半个世纪的时间内，收藏了近千件的中国 17 世纪瓷器，数量之多、质量之高，不得不让人感

图5-1. 巴特勒先生，作者友人拍摄

图5-2. 巴特勒先生的瓷器，作者友人拍摄

图5-3. 巴特勒先生瓷器，作者友人拍摄

叹。而他对转变期瓷器的研究，也极大地改变了古董界对这一时期瓷器的认识，不再认同晚明和清早期没有好瓷器的看法。

在菲律宾发现的哈彻沉船（Hatcher Cargo），也彻底改变了人们对明代晚期中国日用瓷器的看法。哈彻沉船是第一艘走向市场的瓷器遇难船，它在1984年和1985年荷兰阿姆斯特丹佳士得拍卖行中出售。尽管缺少海捞团队记录的历史证据，但它至今仍是已发现陶瓷沉船中最重要的沉船之一。哈彻沉船中两件瓷器被断代为1643年，以此来确定失事时间，但是还需要更多的信息来进一步巩固失事和货物的年代。哈彻沉船上的瓷器断代是基于以下几点：一是它们应该是制作于同一时间，似乎能组成一组瓷器；二与标准器对比断代，例如其中一件青花盘与大英博物馆中一件重要的明代盘子上的装饰一致，后者被确定为1644—1645年；

三是两件从沉船瓷器中还原的盖子上写有 1643 年春，这也是最重要的一点。尽管明代正式结束于 1644 年，但从明向清的转变是混乱而漫长的，明末到康熙初期这一段时间也就被称为"过渡期"。哈彻沉船就为这一段以前缺少了解、认为是少有瓷器生产的时期提供了重要的断代对比证据。沉船中打捞出来的明代中晚期瓷器，造型规整，瓷质细腻，绘画精致而生动，是明代瓷器中很少见到的。景德镇在明中晚期由于外销而带来的市场繁荣，产生出如此精美的青花瓷，并由此而进入到过渡期也就显得十分自然了（图6）。从这件哈彻沉船中的倒流壶把手和壶嘴与身体的连接处的装饰，我们看到了西方银器装饰的影响，也就是说，在明晚期中国外销瓷器就开始受到西方器型的影响。

一般把康熙六十年分为早、中、晚三个阶段，康熙早

图 6. 过渡期青花倒流壶，作者拍摄

图7.陈老莲水浒叶子，图片来自《明陈洪绶水浒叶子》

期是指从1662—1675这13年，这些年由于海禁没有瓷器外销，所以在海外市场的这期间生产的瓷器都应该不属于外销瓷，康熙早期的瓷器底部有一些特点，比如有些瓶罐的底部不施釉无圈足，而一般青花底部双圈都比较大，盘子的底足也比较大。山水纹饰在康熙早期画得特别好，一些用披麻皴手法画的青花山水瓷都是康熙早期的作品。康熙中晚期画的山水青花瓷用分水渲染的手法比较多。

康熙中期是指1675—1700年，中期的前几年因为三藩之乱，御窑厂停烧，景德镇几乎全部停产，后来很快恢复生产，不久就进入了开放海禁阶段，1783年海禁开放以后持续了一段时间的民窑风格，1790年以后比较多生产的外销瓷是伊万里风格瓷。康熙晚期是指1700—1722年，外销瓷基本上以伊万里风格为主。

明清过渡期的瓷器上画着许多历史故事，这些故事大多来自明朝晚期的一些版画（图7），在明朝晚期，由于市场的活跃，有不少著名画家都在刻制版画，比如陈老莲的《水浒叶子》等。由于这些画家的介入，使得画面构图十分严谨而考究，而过渡期的许多瓷器由于官窑画工的绘制而十分精美，因此明清过渡期的青花瓷是非常值得收藏的一种类型。

002

康熙时期的西方
订制瓷器

外销瓷中订制瓷算比较珍贵的了，因为订制的数量少，有些质量比官窑还好。订制瓷中有公司订制和私人订制两种。公司订制是指东印度公司订制，也有少数公司和协会、商会订制，私人订制大多数是指家族、家庭订制的纹章瓷，上到国王、皇帝，下到一般商人都有在中国订制家族纹章瓷。这些订制瓷器有些有订单，有些有记录，私人订制一般委托船长、船员到中国订制，周期为一到三年。无论是私人订制还是公司订制的瓷器，在康熙和康熙以前都是极为稀少的，因此也是十分珍贵的。由于英国著名中国纹章瓷学者大卫·贺华德用其一生的精力，为6000多个中国纹章瓷找到了他们的主人，《中国纹章瓷》第一本和第二本共收录了4000多个家族的资料，由此而查找到了中国纹章瓷的制作年代，其中误差一般在一到三年之间。在这6000多个家族纹章瓷中，康熙年间订制的只有40多个家族，所以极为稀少。而且这段时间的公司订制瓷也特别少，无论是宗教、机构订制，还是公司、协会订制都很少，我们知道外销瓷中有许多仿西方版画和油画的瓷器，但那都是1735年之后，尤其是1740年以后的事了。1722年以前订制的西方绘画瓷器也是极少而珍贵的。

图 1.17 世纪荷兰静物画，作者拍摄于纽约大都会博物馆

　　荷兰人自 17 世纪初逐渐占据了海上优势以后，荷兰东印度公司非常明确的目的就是赚钱，人们常说"荷兰小市民"，也就是荷兰人很重视现实生活。所以，在 17 世纪荷兰的绘画中，首次出现了静物画，而且在静物画中常常画有中国的青花瓷盘（图 1）。还有风景画独立的作为一个画种也是发生在 17 世纪的荷兰。中国的瓷器贸易在 17 世纪是荷兰人的贸易量最大，欧洲的商人们在荷兰拍卖从中国买来的瓷器，德国、法国和意大利等国的贵族商人都会来买，荷兰已成为欧洲的贸易中心。当年曾经为葡萄牙人做贸易中介的荷兰人，已是 17 世纪中国瓷器商品贸易的主人。

　　荷兰东印度公司瓷器贸易的主要据点在雅加达，他们在那儿有驻军，由当地主管——总督，管理着整个中国南海，包括台湾和广州，另外在印度和日本都设有行政机构。早期他们往荷兰运克拉克瓷，很快就发现要加一些欧洲餐桌的器型，他们或者将银器或制成木模型，或者将在代尔夫特订制陶瓷样品运往景德镇制作，包括汤盆、冰桶、奶壶、奶杯、咖啡具，等等，最早都是荷兰人订制的。也正是因为荷兰人的商业头脑，康熙时期的五彩、素三彩和青花茶壶、人物动物雕塑才会较明朝丰富许多。当时因为瓷器是最时髦的高科技，所以从烛台到拐杖头，从烟斗到各种陈设器具，甚至桌椅都用瓷器订做。从当年在阿姆斯特丹的伦勃朗收藏的中国轿子来看，不少中国大型物件都被运到了荷兰。

精明的荷兰人很早就要求中国工匠在克拉克纹饰中加入荷兰人喜爱的郁金香，还将当时欧洲和荷兰的许多事情和地区风景都拿到中国做成瓷器。不论是将绘画作品画在中国瓷器上，还是将历史事件画在瓷器上，或将城市徽章画在瓷器上，将家族纹章拿到中国大批量地绘制纹章瓷，等等，都是荷兰人先做的（家族纹章瓷订制最早是葡萄牙人开始，但批量和持续订制是荷兰人先做的）。

2012 年 11 月，我来到凄风寒雨中的伦敦，事先没想到伦敦这么冷，又这么多雨。我最不喜欢带伞，所以一带伞必定是到哪丢在哪，每次都是湿漉漉地回到旅馆。这时又冷又饿，吃饭还特别贵。可是伦敦却是个让人流连忘返的地方，新老建筑和谐地相处在一起，街头上不时看到一些穿燕尾服的似从百年前穿越来的人，不仅有黑色的出租车、红色的双层巴士，更有大英博物馆、大英图书馆、维多利亚·阿尔伯特博物馆、赛特现代美术馆和自然博物馆等，还有古董市场和古董店，以及数不清的收藏家和一些古董商。这里总有看不完的东西，而且品质还比其他地方

图 2-1. 伯爵领地荷兰，图片来自 The *RA Collection of Chinese Ceramics: A Collector's Vision* Ⅲ 第 309 页

图 2-2. 城市阿姆斯特丹，图片来自 The *RA Collection of Chinese Ceramics: A Collector's Vision* Ⅲ 第 317 页

图 2-3. 公爵领地布拉班特，图片来自 The *RA Collection of Chinese Ceramics: A Collector's Vision* Ⅲ 第 305 页

图 2-4. 英格兰王国，图片来自 The *RA Collection of Chinese Ceramics: A Collector's Vision* Ⅲ 第 318 页

图 2-5. 庄园领地乌特那支，图片来自 The *RA Collection of Chinese Ceramics: A Collector's Vision* Ⅲ 第 315 页

好，当然价格也是全世界最贵的。英国人总是这样对中国藏家说："因为我们是全世界最懂中国艺术品的，我们知道它们的价值。"所以他们就卖高价，让你哭笑不得。

当我随朋友来到南肯辛顿街上的一家古董店，一进门我顿时呆住了，一面墙都是康熙时期荷兰订制的欧洲城市纹章瓷大盘，我从来没见过这么多不一样的欧洲地区纹章瓷（图2）。平时拍卖会上每一个盘子都是我望尘莫及的价格，这么多年的收藏中我都没有买到过一件康熙年间的城市纹章瓷，在他这儿却有这么多。这位名叫乔治的店主人也是一位学者，在业内很有名气，他告诉我康熙年间总共有120种欧洲城市纹章瓷，他手里就有70多种，全世界应该没有比他收藏更多、更全的了。"120种都收齐几乎是不可能"，他说，这种康熙和雍正时期的欧洲地区纹章瓷在拍卖场上一直就很贵，在二十世纪90年代以前比清代官窑还要贵，每次拍卖出现的也很少，到目前为止，只看到过盘子和剃须盘两种器型，没见到这个纹饰的其他器型，盘子多为10寸盘，有少量18寸和20寸的大盘子。

这批城市纹章是分批订制的，从1700年开始，到1720年完成了一大部分，到1730年完全终止，我们看到有些釉上蓝彩和用了部分粉彩的，就是雍正年订制的。在长达30年的订制过程中，我们没有找到资料证明是荷兰东印度公司订制的，估计是公司的成员，或由公司或商船船员、船长分批次订制的。

尽管外销瓷的研究已经有近百年的历史，但这类外销瓷的有些方面还不清楚。包括这些纹章是谁订的？为什么订制它们？当时价格是多少？为什么是绘制如阿姆斯特丹、鹿特丹、鲁汶等城市，或是法兰西王国、英格兰王国，而不是其他欧洲地区和国家？送给中国订制时的模板是什么？如此特殊的装饰风格又是怎么来的？虽然这些瓷器的纹章色彩也有些不对，拼写也有些错误，那都有可能是中国艺人弄不懂而画错的。毫无疑问，这些瓷器一定是特别订制的，而且一定有他们的作用。

目前已知有几组纹章的模板设计，均来自中世纪后期尼德兰地区的城市、国家，欧洲低地国家的"十七省"一直到17世纪都被认为是一个统一的政治体。在这些纹章瓷中，有16个荷兰和佛兰德的省，与16世纪尼德兰统治者查理五世（Charles V，1500—1558）的头衔相对应的，如：布拉班特（Brabant）、林堡（Limburg）、卢森堡的公爵领地、佛兰德斯（Flanders）、荷兰、泽兰（Zeeland）等等为伯爵领地，还有上艾瑟尔（Overijssel）、梅赫伦（Malines）、乌特那支（Utrecht）等很多都是中世纪的庄园领地。当然，

图 3-1. 康熙城市鲁汶, 图片来自 *The RA Collection of Chinese Ceramics: A Collector's Vision* Ⅲ 第 316 页

图 3-2. 雍正城市鲁汶, 图片来自 *The RA Collection of Chinese Ceramics: A Collector's Vision* Ⅲ 第 340 页

也有罗马帝国和安特卫普以及阿姆斯特丹、鹿特丹和法兰西王国、英格兰王国等。很可能是订制到这些地区销售的。

这一批城市纹章瓷一般可以从工艺上来断代。青花五彩伊万里样式的，有青花锦地，画一些康熙时期常见的花卉、鱼、虾和水草等，牡丹上面有小鸟，有些建筑物和台阶也用青花和五彩加描金绘制，胎体比较坚硬而薄，都是康熙的（图 3-1）。雍正时期的除了有粉彩之外，画面感觉也更柔软一些，没有康熙时期的画面那么硬（图 3-2）。

英国和荷兰的东印度公司在 1740 年左右把大量的西方绘画拿到景德镇来订制瓷器，我们的先人真是了不起，在画习惯了那些宫廷画家们绘的枯燥无味的中国花鸟山水纹饰后，还能将这些千奇百怪的样式和从没见过的绘画画得那么好，有的甚至比西方人的原作还要好。中国艺人习惯画二维空间的绘画，西方光影表现的绘画作品，拿到中国绘制成瓷画都会和原作有一些差异，这些差异正是东西方美术的审美研究的内容。

将画家的画送到中国景德镇来订制瓷器，哪一件瓷器年代最早已无从考证，但是这件"音乐会"画面的瓷器算是比较早的（图4）。康熙时期的绘画作品在中国订制非常少，原作是法国画家尼古拉斯·伯纳特（Nicholas Bonnart）画的《音乐会（Symphonie du Tympanum, du Luth, et de la Flte d'Allemagne）》，画作大约创作于1700年左右，在差不多的时间其复制件品被送到了景德镇。在当时的法国，人们比较流行户外狩猎、野营，以及举办各种酒会、舞会和音乐会。这幅画面正是画着三个乐师，在一个宫殿式的房子内演奏的场面，前面坐着一位身材修长的女士，在弹着一个类似中国扬琴一样的乐器，后面两位男乐师，一位吹着箫，另一位弹着像中国琵琶一样的琴。由于不知道订制的准确年代，一般都把这件瓷器定于1700年。

一件方形的画作画在圆形的盘子上（这个订制目前只看到盘子），景德镇艺人有的是办法，他们在盘子的边饰上画了八个山水画面的开光，中间是乐队，后面的大柱子

图4.《音乐会》图盘，图片来自*Made in China*第39页

图5-1.《音乐会》，*Nicolas Bonnart* 绘，图片来自 *European Scenes on Chinese Art* 第35页

图5-2.《音乐会》图盘（局部）

被改成了树木和石头，用树叶将边饰与画心分割并连接，桌子和女士坐的椅子都有改动，使之更适合在这八角形的中心画面里。毫无疑问，如果一点不改变，这张画无法放进盘子中央。瓷器中深色人物的后面都是空白，以突出中心人物，而原作是灰色的背景，虽然人物画得没有什么解剖结构知识，透视也不太准确，但毫无疑问，空间的布局、疏密的关系是十分好的(图5)。这就是东西方绘画的区别，西方要光影层次和解剖的准确，中国要合理布局，经营空间。

关于鹿特丹事件纪念青花盘（图6），订制时间也写在1690年，因为鹿特丹起义是在1690年8月。棉农科内利斯·考斯特曼 (Cornelis Kosterman) 因不满不合理的税收，而和税吏发生了争执，当时在大会堂聚集了很多人，争执中税吏死了。法官就判是考斯特曼打死的，并判他死刑，人们因此发起了暴动。他们推倒法官的院墙，还爬上了屋顶。事件当时被扬·斯梅森 (Jan Smeltzing) 刻成了纪念铜币，

图 6. 鹿特丹事件纪念青花盘,
收藏于南昌大学博物馆

图 7. 鹿特丹事件纪念青花盘底,
收藏于南昌大学博物馆

这件瓷器可能是依据铜币画的。同样这个订制也不一定是荷兰东印度公司订的，可能是公司成员私人订制的，它是最早在中国瓷器上描绘西方政治事件的外销瓷。边饰上的锦地加四个开光的样式，是流行于 1690 年左右的一种样式，根据纹饰流行的年代来判断也是外销瓷断代的一种方式。背面有"大明成化年制"六字寄托款（图 7），六字的寄托款只有在官窑和外销瓷中出现，一般民窑上很少。

荷兰人虽然一直在与中国做瓷器贸易，可是作为私人家族纹章的订制，英国人却是最多的，将近有 4000 个家族订制了中国纹章瓷，而荷兰只有 600 多个家庭。荷兰人对家族的荣耀没太大的兴趣，英国则不一样，他们还有纹章院管理家族纹章，要他们批准才行（图 8）。

荷兰的约翰内斯·坎普斯（Johannes Camphuijs），1634 年 7 月 18 日出生在荷兰哈勒姆（Haarlem），1695 年 7 月 18 日在雅加达逝世。以前他父辈只是荷兰一位银器匠人，许多荷兰纹章瓷的订制者，都和他一样，并不是世袭

图 8.18 世纪英国纹章院版画图，*Benjamin Cole* 绘，图片来自维基百科

的贵族。早年他只是东印度公司驻雅加达的一位初级商人，后来成为高级主管，在中国海禁时期，他又成为荷兰驻日本的最高领导者，最后成为荷兰殖民地的总督。他一生没结婚，由于喜欢日本，又是东印度公司的高管，所以他设计订制的纹章瓷很精美，而且后面还画了十分精致的花卉。由于他是银匠出身，所以他把自己家族纹章上面的冠设计成了一个银器工匠用的锤子，这个纹章瓷由于年代早而且精美，现在成为藏家的钟爱藏品（图 9）。他还做了中国漆器、银器的纹章用具。

我们再看一位英国贵族的家族纹章瓷私人订制，爱德华·哈里森（Edward Harrison）是赫德福德郡包尔斯庄园（Balls Park, Hertfordshire）的继承者。这个城堡现在还在，那是他祖父于 1637 年到 1640 年间建的房子，祖父是一位金融家和海关官员。18 世纪晚期城堡被卖给一位侯爵，后来又几经转手。英国有一个古堡古建筑保护管理机构，每个地区都有办事处，他们负责修缮、管理那些无人居住的古堡庄园，联系事宜等，这个建筑也在他们的名单内。

图 9-1. 荷兰坎普斯家族青花纹章瓷, 图片来自 *Chinese Armoial Porcelain for the Dutch Market* 第 105 页

图 9-2. 荷兰坎普斯家族五彩纹章瓷, 图片来自 *Chinese Armoial Porcelain for the Dutch Market* 第 114 页

从英国纹章院中看到了爱德华·哈里森的纹章线描, 这件 1715 年他订制的纹章瓷是青花的, 可能就是把这种勾线的稿子拿到中国去 (图 10) 。订制者还试图写上 "哈里森家族增添布雷家族 (Harrison impaling Bray) " 那一排字在下面, 并加上 "总督 (Governor) " 的字样。中国艺人根本不懂这是什么, 没有加上去。这位哈里森在 1674 年出生, 并和巴灵顿的雷金纳德·布雷的女儿结婚, 所以他会在纹章下面加上 "哈里森家族增添布雷家族" 的字样, 这个纹章只用了盾牌部分, 左边的十字架是哈里森家族, 他们结婚的结合纹章也是 "男左女右"。1711 年, 他成为印度马德拉斯圣乔治要塞的总督, 后来又成为韦茅斯 (Weymouth) 和赫特福德的国会议员。

1723 年, 他女儿结婚, 他为女儿奥德丽·哈里森 (Audrey Harrison) 订制了一大批中国纹章瓷 (图 11) , 这个纹章就比较完整, 有冠、盾牌、护兽和座右铭。这是一个六角折沿盘, 边沿青花画工精致, 似乎只有官窑工匠能达到这个水平, 中心用珐琅彩画了纹章部分, 并在边饰上用珐琅彩加了一个纹章的皇冠。这个瓷器做得极为讲究, 在中心纹章珐琅彩的盾牌位置上还有青花。因为青花是和坯胎一起经 1200 摄氏度烧成, 珐琅是二次再烤烧, 一般都是把中间空出来画珐琅, 在烧青花时, 要把纹章的位置对准不容易。从纹章中我们看到哈里森

图10.英国哈里森家族青花纹章瓷，图片来自 *Chinese Armorial Porcelain* II 第125页

家族的十字架纹章在盾牌的右边，所以是为女儿订制的。

康熙时期的订制瓷器数量很少，质量非常好，在外销瓷众多的类型中，按内容收藏无疑也是一个方法，如康熙外销瓷中有刀马人、花卉、五彩、青花、山水、人物、历史故事等，还有西方订制和中西结合

图11.英国汤森德和哈里森家族纹章瓷，收藏于美国纽约大都会博物馆

样式等。但西方订制在康熙时期只能按朝代收藏，若要分康熙纹章瓷或西方绘画、政治、宗教等都没有多少量，基督教故事瓷在康熙时期更少，能买到几件就不错了，无法作为一个类别收藏。

003
康熙刀马人纹饰

晚清民国的学者许之衡在他的《饮流斋说瓷》中说到康熙的刀马人纹饰："绘战争故事者，谓之刀马人，无论明清瓷器，皆极为西人所嗜。至挂刀骑马而非战争者，亦准于刀马人之列也。康窑大盘有两阵战争过百人者，尤为奇伟可喜。又有青花加紫，其皿绝大，而反一人一马者，笔端恣肆，亦非恒品。"

许之衡是晚清人，他那时所见瓷器总是比我们现在多一些，上文这段话告诉我们这样几个内容。一、西方人特别喜欢刀马人纹饰。二、只要挂刀骑马都是刀马人纹饰类。三、该纹饰有两阵打仗上百人的画面，也有一人一马的简单画面，构图很丰富。第一点特别重要，开发这些人物故事题材市场的基本上是欧洲人，也就是说刀马人纹饰是由外销而开发的题材。

17世纪的欧洲，距离那些骑马打仗的时代也不远，人们看到中国的战争题材画面在瓷器上就很喜欢，感到很亲切。其实中国汉民族是不太喜欢这个题材的，画家们在西方人来到之前基本不画战争的画面。元青花中有这个题材的瓷器，那也是蒙古人开发出来的，后来汉人掌权的明代基本没有，晚明有一些，也是过渡期由于外销需要才出现的。

北京故宫博物院有一件康熙五彩刀马人棒槌瓶（图1），肩部绘斜方锦地开光，共四组开光内绘有山村草舍风景。瓶身主题绘着《隋唐演义》战争画面，画的是秦琼策马逐战尉迟恭的场面。构图前景为山石草木，中景是二人战斗的场面，另一面则是李世民和徐茂公在观战。秦琼是李世民的得力战将，尉迟恭先是刘武周的部将，刘武周被唐王打败后归降李世民，后来单枪挑了单雄信，并多次救了李世民，在元青花瓶中也有尉迟恭救唐王的场景画面。尉迟恭在玄武门事变中，射杀齐王李元吉，立下了头功。后来他和秦叔宝一起成为老百姓贴在大门上的门神。这个秦琼战尉迟恭的场面，是在尉迟恭归降唐王之前的故事，秦琼手持金锏和尉迟恭对战。二人武艺不相上下，在《隋唐演义》中武功并列第13名。画面构图展开方式与明晚期相似，绕瓶身一周以近、中景较多，远景构图展开的较少，五彩发色清亮，疏密分布有致，冷暖色搭配有序，层次清晰。

有些刀马人故事内容容易辨认，有的就很难，特别是1950年以来，中国古代历史文献流失严重。现在的学者古代历史知识有限，所以，

图1. 康熙五彩刀马人物纹瓶，收藏于北京故宫博物院

图 2.17 世纪晚期五彩刀马
人物盘，图片来自 *Chinese
Ceramics in the Collection of
the Rijksmuseum* 第 153 页

有一些故事至今很难查找内容。有一次，我在美国的温特
图尔博物馆，看到一批原始的荷兰代尔夫特陶瓷纹饰手绘
的图稿，据介绍欧洲保留了很多陶瓷纹饰的绘本。中国康
熙刀马人纹饰一般还是比较严谨的从版画和绘本中移到瓷
器上，也有少数漏画和没画的部分，但总的来看，人物历
史故事、战争故事等瓷画在康熙时还是比较忠实于原型故
事的。只有到了 19 世纪的广彩中，这些故事内容是否严谨
并不受重视，而沦为一般的瓷器纹饰。我们常常买到一些
康熙青花或五彩瓷，很长时间都无法查出内容故事。如这
件 17 世纪晚期的五彩盘子（图 2），人物相对康熙早期的
小了许多，一般人物画得很大的都是康熙中早期。这是一
个浅盘，在一个有树木、山石的场景中，山石远处的营帐
提示这是一个军队驻扎的地方，两位将军正在会面，一个
将军骑在马上，后面一位持旗子的随从，而另一位站立着
的有点像蒙古人的样子，络腮胡子，帽子上有两根翎毛，

还有两人跪在他左侧。看起来像蒙古人或金人与宋军打仗时的一次私下会面，但一时无法查出典故出自何处。这个画面疏密处理得很好，在人物背后的大面积空白突出了主要人物，人物形态和马都画得十分生动。这也是17世纪晚期的构图特点。康熙早期人物瓷画，人都画得很大，顶天立地的，中期画得比较密，到17世纪晚期开始，人物与场景比例适当，构图疏密有致，也可以说是到了一个瓷上绘画的全盛时期。

康熙刀马人纹饰有不少是画杨家将的题材，如一件1690年以后绘制的杨四郎的故事青花盘（图3），无论画还是青花发色都是一流的，

图3-1. 杨四郎故事盘（官窑款），现收藏于南昌大学博物馆

图3-2. 杨四郎故事盘（寄托款），现收藏于南昌大学博物馆

图3-3. 杨四郎故事盘底，"大明成化年制"六字款，现收藏于南昌大学博物馆

图3-4. 杨四郎故事盘底，"大清康熙年制"六字款，现收藏于南昌大学博物馆

在盘子后面还有"大明成化年制"的寄托款和"大清康熙年制"的官窑款。有官窑款的瓷盘，无论发色和画工构图及瓷质都要好一些。画面是杨四郎和辽国公主打仗的场面，传说杨四郎在金沙滩一战以后，假名"木易"降了辽国，做了辽国的驸马。后来他回到宋营探望母亲，由此有了"四郎探母"的戏文。金沙滩战役极为惨烈，杨令公带七个儿子出征，只回来六郎一人，四郎被捕，五郎出家，其余的都死了。后来六郎带兵出征，佘太君押运粮草，杨四郎思母心切而深夜探母。官窑款的青花盘，画着辽国公主追四郎的画面；而大明成化款的青花盘，画着四郎追公主的场景。寄托款的构图要规整死板一些，瓷盘中心画面基本是对称的。中心上方一棵柳树，下面一块山石，左右各一位持旗士兵，中间两人骑马打仗。而康熙款的则是对角线构图，两位骑马的人从右上方进入画面，后面追的辽国公主是大半个马身，树木山石在左上、右下的对角。两个盘子都有六个花瓣形开光，康熙款盘子的边缘中，开光内有战争人物、山石花草，而成化款的则都是画战争人物。

　　在荷兰阿姆斯特丹国立博物馆，有一对康熙的青花四方瓶极为精彩（图4）。这本来是四件套瓶，是 J.T. 罗耶（J.T.Royer，1737一

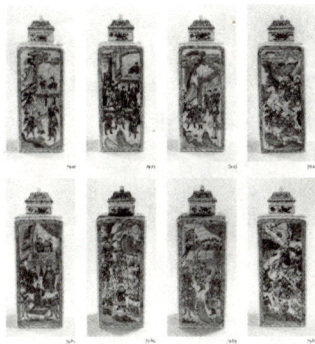

图 4-1.17 世纪晚期杨家将故事瓶，图片来自 *Chinese Ceramics in the Collection of the Rijksmuseum, Amsterdam: Ming and Qing Dynasties* 第 92 页

图 4-2.17 世纪晚期杨家将故事瓶，图片来自 *Chinese Ceramics in the Collection of the Rijksmuseum* 第 91 页

1807）的遗孀于1814年遗赠于国王威廉一世，后来被转给阿姆斯特丹国立博物馆。罗耶是海牙的一位律师，酷爱收藏瓷器，收了1000多件中国和日本的瓷器。他不仅在市场上买，还去广州购买，并和东印度公司保持着密切的关系，也委托澳门和东印度公司朋友购买。四个方瓶于1908年被交易了一件，还有一件在1940年二战轰炸鹿特丹时丢失了。每个瓶子的每个面都画着不同的画面，或是马上作战，或是室内文官武吏的场景，都画得十分精致。这在青花瓷中已是十分不易，如果四个瓶子16个面均都画着"杨门女将"的故事，16个画面则更是难得。瓶子的盖子呈屋顶状，写有"福"字，肩部饰着锦地纹饰，边缘还有花卉纹饰，底足纹有艾叶花押款。

因金沙滩一战，杨家男丁只剩六郎延昭，其子为杨宗保。杨宗保为了破天门阵而上穆柯寨寻降龙木，因而遇上穆桂英。后来二人几经周折，终成眷属。不仅是女将穆桂英破了天门阵，而且在六郎牺牲后，杨门女将十二寡妇征西，先后由佘太君和穆桂英挂帅，千古传为佳话。瓶子一个面画的故事就是穆桂英挂帅的场景，穆桂英坐在桌子后面，前面一些男武将似乎有些不满的姿态。还有一个面是在营帐内，一个长胡子的武将在桌案后面，前面文官武吏都有，这个桌子后面的可能是潘仁美、王钦若之类的吧。还有一个画面是类似杨排凤这样的烧火丫环和众男武将一起，一男武将似作不服状。这个瓶子的第四个画面是杨门女将二中锋杀敌在先的画面。第二个瓶子一个画面是穆桂英挂帅，拿着尚方宝剑点将出征，还有一个是出征送行的场面。第三个画面是众多文武官吏在营帐前，第四个画面是杨门女将与辽国军队打仗的场面。

由于中国历史上杨门女将的故事家喻户晓，所以，西

图 5-2. 粉彩迷楼
戏妃故事图罐,
收藏于南昌大学
博物馆

图 5-1. 粉彩迷楼
戏妃故事图罐,
收藏于南昌大学
博物馆

图 6. 辕门操练

方的专家们只要看到瓷器上画的是古装女将骑马,他们就会将它写成"杨门女将的故事"。2011 年 1 月纽约佳士得中国外销瓷专场上有一对品相十分精美的大罐(图5),是雍正粉彩的精品,有 62 厘米高,从底部到盖子顶部一共有八层装饰纹饰,莲花绘盖纽,折枝牡丹画盖子,颈部也是横向折枝花卉纹饰,肩部是花卉与锦地构成的云肩形纹饰,底足是蓝釉锦地开光,开光内是四季花卉纹。瓶身部分绘有主题纹饰,画的是一座亭楼建筑,旁边是一处辕门篱笆围着的操练场,几位姿态各异的女子在骑马操练的场景(图6)。在城楼的大门口,有一位红衣女子骑马从门内冲出,佳士得图录中把这位红衣女子称为"穆桂英"。画面中女子们在骑马打马球,还有个女子在辕门口正在整理头发,无论是女子的

图 7. 康熙迷楼戏妃盘，图片
来自 *Baroque & Roll* 第 17 页

造型动态还是马的奔跑姿势都十分生动。可是城楼上却有几个男性官员在喝茶聊天，还有一个官员手持扇子在楼上与骑马女子搭讪，这一切都不符合杨门女将的情节。经倪亦斌先生考据，此内容来自《隋唐演义》，讲的是隋炀帝在宫中穷奢极侈，带一行人马去西苑畅情轩。也有人称为当中的建筑为"迷楼"，是一座两层，四面八角的宏大宽敞的楼轩，台基都是白色大理石，轩内张灯结彩。隋炀帝喜欢让一二十位宫女穿扮戏装，扮作盘头蛮妇，观看骑马如烟云四起、穿林绕树的场景。这里画的是宫女们在打马球，马的形态十分生动。这个纹饰其实老一辈的古董商都很熟悉，在康熙、雍正、乾隆的民窑中有不少盘子画的也是这个内容（图7）。德国德累斯顿博物馆收藏有16世纪萨克森王国国王收藏的6000多件中国从明晚到清早期的瓷器，大多是大型的花瓶，甚至有不少青花釉里红，令人十分震撼。其中有一件五彩花瓶画的是明代吴元泰的神魔小说《东游记》第三十八回《钟离医疾调兵》中的一个场景，瓷器上画了人物和战马近百，是刀马人纹饰中极为壮观的画面。康熙外销瓷中也有人物非常少的画面，如同《饮流斋说瓷》中所说的那样，如画水浒人物的画面也就一到三四人，每人上面都写有他的姓名的名牌(图8)。许多大场面的战争故事没有明显的标识和记录，不知出自哪个典故，一般人们容易从将领的兵器上来识别，比如说《三国故事》用丈二长矛的就是张飞，用大刀的就是关公，但有

图 8. 康熙五彩水浒人物图盘，图片来自《九十周年特展：私人收藏清代瓷器》第 29 页

时和我们心里想象的人物形象并不吻合（图9）。

这对将军罐造型饱满，这样的样式流行于雍正时期。康熙时期有几种罐子造型，有典型的康熙将军罐（图10-1），也有从明代中期开始一直沿用到康熙的罐型（图10-2），还有一种因为当年普鲁士国王用 180 个龙骑兵换了 18 个中国康熙青花大罐而闻名的龙骑瓶（图10-3），以及高直口的大瓶造型（图10-4）。

比较有意思的是康熙刀马人纹饰一到雍正朝就立即停止了，俗话说"一朝天子一朝臣"，改朝换代以后各种形制规矩都会有些变化。从康晚到雍早期就能看出一点变化，如釉色，雍正要更温润饱满一些，彩料更好一些。康熙最后一年有了粉彩，也只是二三种彩料，一般五

图 9-1. 康熙青花棒槌瓶，图片
来自 *Recent Acquisitions 2012:*
Important Chinese Porcelain from
Private Collections 第 36 页

图 9-2. 康熙青花棒槌瓶，图片来
自 *Recent Acquisitions 2012: Important*
Chinese Porcelain from Private
Collections 第 37 页

彩加粉彩，再看釉，胎就大多认雍正以后啦，1722 年只有
一年可忽略了。但是雍正到乾隆早期就不好认了，特别是
1735 年到 1740 年间，如果釉上粉彩用了雍正的胎和白盘，
那么粉彩在短短几年似乎没什么变化。但我一位在古玩界
资深的朋友说，这中间还是有不同的，形制上在底足有小
不同，画法也有些不同，粉彩的绿色和红彩都有小变化，
但我想实在难分辨。1740 年以后，大概每五年外销纹饰会
有变化，根据纹饰加目测基本不离谱。但是雍正朝是不是
完全没有了刀马人纹样呢？其实不是这样，只是不打仗了
而已。

图 10-1. 康熙青花刀马人将军罐，收藏于南昌大学博物馆

图 10-2. 清顺治青花五彩三兽盖罐，图片来自《上海博物馆与英国巴特勒家族所藏十七世纪景德镇瓷器》第 167 页

图 10-3. 五彩描金龙骑花瓶，约 1720 年，图片来自 *Made in China* 第 169 页

图 10-4. 康熙五彩棒槌瓶，图片来自 *Recent Acquisitions 2012: Important Chinese Porcelain from Private Collections* 第 55 页

　　正如许之衡先生在《饮流斋说瓷》里说的那样："并挂刀骑马而非战争者，亦准于刀马人之列也。"骑马的在雍正时期有不少，如官员骑马回家等（图 11），但战争打仗的还真没见到。然而，骑马挂刀拉弓狩猎图的有不少，正如前面介绍的那对花瓶一样，那个"迷楼戏妃"的纹样也是从康熙一直发展过来的。雍正时期很少真正战争题材的刀马人，但这种嬉戏的画面和狩猎的画面却从康熙延续下来，狩猎纹饰更是延续到了清末。我的一位美国朋友、皮博迪埃克塞斯博物馆前馆长威廉（William R. S argent），他写的《康德藏中国瓷器》（Chinese Porcelain in the Conde Collection）一书中介绍了一件雍正、乾隆的大花瓶（图 12）。这是一种雍正晚期到乾隆早期的，1.34 米高的大花瓶，金彩用耙花的手法，画得十分仔细，这个手法后来在销往美国的洛克菲洛样式中被普遍使用。花瓶中间的开光图案

图 11. 雍正粉彩官员骑马回家
图盘，收藏于南昌大学博物馆

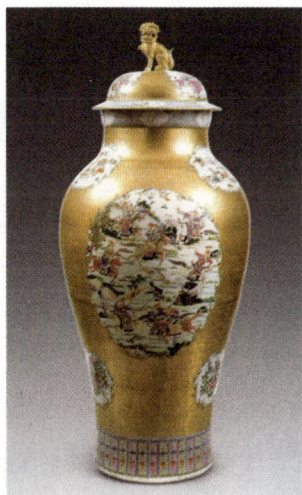

图 12. 康熙、雍正、乾隆耙金罐，
图片来自 *Chinese Porcelain in the
Conde Collection* 第 101 页

中画卷十分精美的狩猎画面，清朝
官员们正在十分开心地骑马猎狐，
也有拉弓射鸟的，各执不同兵器，
马儿和人物动态都十分生动。像这
种外销瓷中的精品在官窑中都不多
见。

　　刀马人纹饰是康熙时期重要纹
饰，雍乾延续了少数非战争类的画
面，19 世纪有少数仿制，是中国
瓷器纹饰中的一类高端纹饰。

004

瓷器上的"渔、樵、耕、读"

从金庸的武侠小说中，我们看到南帝段智兴的四个大弟子分别称为"渔、樵、耕、读"。说段智兴出家做了和尚以后和四个大弟子同住在山上。其实，"渔、樵、耕、读"就是汉民族作为一个农耕社会比较推崇的一种职业状态，比较传统的农业社会地区都崇尚这种状态。在1985年夏的一天，我来到了婺源，在汪口村住了两天。当时有人告诉我汪口村有三大怪人，一位是在家里养蛇，研究以蛇入药。一位是跑到东阳去学木雕的年轻人，放着家里的田不种，回村搞木雕加工业务。另一个在外面经商，让人看不起。在20世纪80年代的婺源人眼里，除了"渔、樵、耕、读"之外，搞什么都"怪"。那时候虽然文革结束了，"俞家祠堂"堆满了农具还是大队的仓库，可见人们的思想依然很传统。这两年去婺源，"俞家祠堂"修复了，但人们的思想却没有了"渔、樵、耕、读"的观念，反倒有了在以前看不起的"商"（图1）。如果说"渔、樵、耕、读"代表了社会的价值取向，那么，中国社会千百年来的价值取向就在近来30年里改变了。

渔樵耕读是从汉代开始的，代表人物都是文人，只是农耕社会的轴心产业的象征而已。"渔"是严子陵，他是汉武帝的同学，不愿做

图 1.汪口祠堂，水粉画，作者绘

官，隐居在桐庐垂钓至死。在富春江上有个严子陵的钓鱼台，1979 年我们去的时候那个钓台很高，根本不可能钓鱼。"樵"也是指汉武帝的大臣朱买臣，出身贫寒，砍柴、卖柴为生，但勤奋读书，最后当了大官。"耕"是指舜教民众耕种的场景。"读"则是指战国时期"头悬梁，锥刺股"的发奋读书的苏秦，他的故事成为我们小时候立志读书的榜样。而"渔、樵、耕、读"画面则是明清瓷器上的一个纹饰。在早期时代外销瓷中就有了。

从万历早期到崇祯年间，外销瓷中主要样式是克拉克纹饰，在克拉克纹饰中，比较多的是动物、花卉纹饰，在为数不多的人物纹饰中，渔、樵、耕、读是使用时间最长的人物纹饰了。在威廉的《康德藏中国瓷器》一书中有一件克拉克瓷盘，是 35 厘米直径的大青花盘，中心纹饰画的是"渔"，打鱼的画面，边饰上画着"樵夫"和"耕锄的农夫"等四个开光画面(图2)。一般在一种新纹饰刚绘制时大多比较认真，在万历早中期的克拉克瓷盘中，渔樵耕读的图案大多较完整地画出来，如这件万历青花克拉克瓷盘，在边饰上四个开光图案中，"渔、樵、耕、读"四个画面都画得十分完美（图3）。一个纹饰刚出来，或是画面订单第一次到景德镇订制，画面都画得十分仔细，瓷质、釉面都会很好，可是，第二次再订制或是第三次订制，画工和瓷质都会差一些。也有不一样的情况，就是第一次和第二次、第三次订单的画面不一样，比如说乾隆年间订制的"唐·吉诃德"画面，第一次和后面二次画面不一样。我们在后面的故事里会说到。当然也有可能是同一图案在不同窑口同一时间做，质量差很多的情况也会有。2016年一月纽约佳士得有两件普龙克设计的"四个博士"的粉彩盘流拍了（图4），就是因为佳士得的专家们看着这两件粉彩盘其他的都对，只是画工有点不同，

图2. 过渡期克拉克瓷，图片来自 *Chinese Porcelain in the Conde Collection* 第65页

图3. 明崇祯青花克拉克盘，图片来自 *Global by Design: Chinese Ceramics from the R. Albuquerque Collection* 第77页

图4. 四博士图盘，图片来自佳士得拍卖图录

于是在说明上写了一条说这两件可能不是第一批订制的，也就是说是后面再订的，可是大家都知道资料上查证这个设计没有第二批绘制订单。当时因为造价太高，亏得太多，后面就停了，没有第二批订制。所以大家干脆就不买了，因为弄不懂。也许当年荷兰东印度公司订制普龙克设计瓷结束了以后，还有少数私人订制。这也是有可能的，但在古玩界实物若与历史记录有出入，人们就会很谨慎。

中国是一个对外封闭、以皇帝为中心的家文化农耕社会，历代皇帝都十分重视农业，康熙皇帝也是如此。他在先农坛有他自己耕种的一亩三分地，每年都会做做样子，象征性地去耕种一下。中国皇帝有自己耕地的消息传到欧洲，欧洲一些国家的皇帝也学他的样子种种地玩。康熙皇帝命宫廷画师焦秉贞绘制了 46 幅《康熙御制耕织图》，其中耕和织各占 23 幅。焦秉贞画的是白描图，他参照南宋画家楼俦画的《耕织图》为蓝本，完成于 1696 年，康熙皇帝十分喜欢，每幅画上面都题了一首诗（图 5）。然后，焦秉贞的弟子冷枚等宫廷画家们一起很快把它画成了绢上工笔重彩画，完成后又画在瓷器上。最早的焦秉贞白描的《耕织图》现藏于美国国家图书馆。当时在景德镇烧制《耕织图》瓷盘，按常理推断应该是宫廷分派到官窑烧制的，但不知为什么销到国外去了。在外销瓷中有不少品种就是官窑烧制，而且和耕织图一样不少原稿或创意来自皇宫，这些说明了当时宫廷和民间的关系并不是那么遥远。

康熙时期有一个有意思的现象，那就是在皇宫里的宫廷画家中，有中国画家，还有不少西方画家，如著名的郎世宁就是意大利画家，画《耕织图》的焦秉贞就是西方传教士画家汤若望的学生，当时包括督陶官在内的一些中国宫廷画家都向西方画家学透视法和光影画法，使康熙中期

图5.焦秉贞绘织图《三眠》，图片来自《康熙耕织图》第66、67页

以后瓷器绘画上的比例、透视准确多了。

在纽约大都会博物馆有两件康熙五彩耕织图盘（图6），一件是取自康熙耕织图中的《织十二——窑茧》，也就是画蚕农挖窑把蚕茧藏起来。画面上蚕农扛着锄头去挖窑藏茧，屋内几个人在秤蚕茧的重量。画面上题写着康熙的诗句。另一件五彩耕织图盘是《织图十八——络丝》，也就是纺丝线，画面上两个妇人在屋内纺丝线，院子里一个孩子拽着妈妈的衣服要出去玩，正在哭闹，母亲则拿着蜡烛正要给屋里干活的人送光亮去。天空的月亮和北斗星表示已到了夜晚。画面上方有康熙题诗。康熙《耕织图》五彩盘如果也是外销瓷的话，那也是外销瓷中的极品。目前这

十几年拍卖尚没有出现过，最近英国一家百年老古董店有一件 15 寸的康熙五彩耕织图盘（图 7），就是这个"络丝"的画面，和大都会博物馆不一样的是这件盘子上康熙御题诗全部写了出来，而且是满画面，没有画边饰，从色彩和构图样式上看也许要比大都会早两年。这件盘子开价就创了外销瓷盘子价格的记录，相当于 200 万人民币。

天津人民美术出版社 2006 年出版了一本《康熙御制耕织图》图集，是由冷枚、陈枚画的绢本印制的，但上面的康熙题诗与瓷盘上的题诗不一样，也许是绢本上面题诗不方便或者是原题诗是康熙皇帝的御诗，他们不可以复制到工笔重彩的仿制画上，大都会瓷盘和伦敦古董店的盘子上诗句是一样的，他们和焦秉贞的白描题诗一致，但是大都会博物馆的瓷盘只题了头两句，而伦敦古董店的瓷盘则将康熙御题诗题全了，伦敦古董店的瓷盘是 15 寸大盘，有题诗的空间，而大都会博物馆的盘子则是 8 寸小盘，如果把御诗全部写在上面，空间将会比较拥挤。康熙御题诗不可

图 6. 康熙五彩耕织图盘，图片来自 *A Tale of Three Cities, Caton Shanghai & Hongkong* 第 55 页

图7. 康熙五彩耕织图盘，图片来自《九十周年特展：私人收藏清代瓷器》第19页

能有两种，那么冷枚他们仿制的工笔彩图上的诗句就不应该是皇帝的原题诗了（图8）。

当时的耕织图不仅制作了五彩瓷盘，也画了花瓶，现藏于北京故宫博物院，有一个五彩棒槌瓶（图9），这个棒槌瓶高46.5厘米，瓶身彩绘了四组耕织图纹饰，分别是养蚕和碓米各两组画面，每组绘了六人在室外劳作，春碓图题诗为："娟娟月过墙，簌簌风吹叶。田家当此时，村舂乡相答。行闻炊玉香，会见流匙滑。更须水转轮，地碓劳蹴踏。"养蚕分泊图绘出了织布养蚕的劳动过程："三眠三起余，饱叶蠶局从。众多旋分箔，早晚碓满屋。郊原过新雨，桑柘添浓绿。竹间快活吟，惭愧麦饱熟。"

康熙时期不仅有皇家用瓷上的耕织图纹饰，也有外销或内销的耕织图纹饰，这些根据宫廷画师画的耕织图有着皇帝御题诗，但是却都没有官窑年款，不知道究竟这些瓷

图 8-1. 焦秉贞绘织图《络丝》题诗

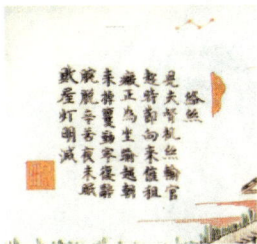

图 8-2. 古董店收藏耕织图盘题诗

图 8-3. 大都会藏耕织图盘题诗

器是为宫廷做的，还是民间的。在西方各大博物馆，康熙御题诗的耕织图瓷器极为稀少，总共只见过这几个纹样，但是其他纹饰的耕织图倒是有不少，比如这件男耕女织图盘（图10），从纹饰上看应该是雍正晚期到乾隆早期的纹样，由于西方从国王到百姓阶层都喜欢中国的耕织纹饰，所以在1740年左右，西方订制的外销瓷里，也有不少耕织纹饰。

中国瓷器上的耕织和渔樵耕读纹饰西方人十分喜欢。在欧洲的文化中也有教人类耕种的丰收女神和中国传统中的"舜"一样，在希腊神话中是德墨忒尔（Demeter），罗马神话中是刻瑞斯（Ceres），是宙斯的姐姐。她美丽而温柔，每年冬天放下工作去陪她的女儿，所以冬天大地就没有生机，人们也不耕作。她手上的号角，是万物生长的信号，所以将丰收女神的号角和生机盎然的鲜花

图 9. 康熙五彩棒槌瓶，收藏于北京故宫博物院

图 10. 雍正晚期、乾隆早期耕织图盘，图片来自 *Chinese Ceramics in the Collection of the Rijksmuseum* 第 226 页

一起画在永恒保留的瓷器上（图 11）。中国外销瓷中的"采桑图"画着养蚕人采桑叶的一个画面（图 12），欧洲人根据这个纹饰又在中国订制了"采樱桃"的粉彩瓷纹饰，画着一群欧洲妇女爬着楼梯采樱桃的画面（图 13）。在乾隆早期，欧洲人还特地学中国瓷器形式画了一些西方农耕纹饰来中国订制瓷器，有渔猎，有农耕，也有养牛羊，等等（图 14）。雍正时期的渔乐纹饰是渔樵耕读的纹饰中的一大特色，相对康熙耕织纹饰而言，雍正比较突出的是"渔家乐"纹饰。美国著名收藏家霍道夫（Doris Hodroff）收藏了一件雍正"渔家乐"粉彩盘（图 15），画工十分精美，前面是一老一少打了鱼准备回去，那种鱼篓我们小时候都用过，感觉十分亲切，中国封建社会几千年在农耕用具上没有太大的变化。中间两组人似两个家庭在岸边吃鱼喝酒，还猜拳行令，真是其乐融融啊。后面是三条渔船，画他们的水上生活，两个船家在生火烧水或煮酒，在炉子上的烧水壶都和我们现在的一样；另一条船主人在捞鱼，好像河里的鱼多得只要用兜捞就可以一样。岸边垂着杨柳，水里浮着睡莲，天空中的太阳和南飞的大雁，一派祥和、幸福的景象，让人十

图 11.粉彩丰饶角图盘，作者收藏

图 12.雍正粉彩仕女采桑图盘，
图片来自《它们曾经征服了世界：
中国清代外销瓷集锦》第 52 页

图 13.粉彩采樱桃图盘，收藏于
美国温特图尔博物馆

图 14-1. 乾隆西方农耕图墨彩盘，图片来自 *The Choice of the Private Trader* 第 102 页

图 14-2. 乾隆西方农耕图粉彩盘，图片来自 *The Choice of the Private Trader* 第 93 页

分羡慕。这个纹饰后人一直有模仿，但都没有雍正时期的好。

　　从明代打开国门对外销售瓷器一直到乾隆年间，西方人都在学我们的绘画方式画他们的瓷器，即使来样订制，景德镇的艺术家也会把西方的油画成中国式的绘画样式，对当时的西方人来说，也是十分稀奇和新鲜的。然而 19 世纪的广彩则开始了另外一条道路，那就是中国人学西方人的绘画形式画瓷器，就和当时的国运一样，渐渐地变成了崇洋媚外了。

图 15. 粉彩渔家乐图盘，收藏于美国温特图尔博物馆

这是一件乾隆晚期的中国狩猎纹饰广彩潘趣碗（图16-1），在构图上没有沿用康熙以来的那种多空白，以骑马的动态和人物组合为主的构图特点，而是采用了西方的人物挤在一起，处处都画满，没有一点空白的构图。绘画手法也用了明暗画法，而不是中国式的勾线平涂或渲染画法。打猎的造型设计也和西方一样，直接画用枪叉刺着猎豹，中国传统狩猎图很少这样画。这个广彩大碗特有意思的是大碗外壁画了中国人狩猎，而内壁画的是西方人狩猎（图16-2）。西方狩猎者骑着马，在奔跑，也许是为了好卖，在西方狩猎图上竟画了将近100条猎狗。猎物是一只狐狸，被巧妙地画在了碗的中心，周围一切似乎都在旋转，动感十足。像这样有创意，绘画水平也很高的广彩具有很高的收藏价值。

有一年，在纽约佳士得拍卖上，大家都在抢一件十分一般的雍正渔家乐粉彩盘，虽然最后成交价也不是十分高，但作为一般的外销瓷盘这个价格已经很高了。后来我在一家古董店看到一个雍正粉彩"渔家乐"盘子（图17），画得比当年佳士得卖的那件简单，但我觉得艺术水准却比那

图16-1. 广彩狩猎潘趣碗，1765年，图片来自 *Chinese Porcelain in the Conde Collection* 第274页

图16-2. 广彩狩猎潘趣碗，1765年，图片来自 *Chinese Porcelain in the Conde Collection* 第275贾

图 17. 雍正粉彩渔家
乐图盘，作者收藏

件要高，而价格相对也差不多。所以说看一件瓷画的水平，不能只看费工多少、是否精细，就像水墨写意和工笔画一样，费工多不一定是艺术水平高。

　　在劳作生产的纹饰中，耕织、做陶、制茶和打鱼的图案都是十分珍贵的，在市场上也是价值比较高的。故宫所藏的陶瓷文物那么多，那件耕织图五彩棒槌瓶虽然没有官窑款，却也被列为国家一级文物。在外销瓷中，这类劳作纹饰也一样，尤其是康熙耕织图，许多藏家一辈子也遇不到一件。

005

瓷雕中西

　　中国美术的历史，从某个角度上看，是一个渐渐的轻匠而重"士"的历史。也许是材料不宜保存的原因，唐代以前，很少看到士大夫的绘画，而宋代以来，则很少看到工匠做的雕塑。一部中国雕塑史，在元以前是重点，元以后几乎没有可圈可点的作品，陶瓷雕塑也是一样，汉代大量出土的汉陶俑，再早就是著名的秦始皇兵马俑，都是陶器。从汉到唐，都不乏精美的陶瓷雕塑作品流传于世，唐代更是达到了雕塑陶瓷的高峰期，精美的三彩马、各种武士、西域商人和骆驼等雕塑都达到了很高的艺术水准。但是这种反映市俗生活的匠人之作到了宋代戛然而止了，具体原因也就是宋代是一个文人政府的缘由吧。中国文人看不起匠意的东西。元明以来更是如此，无论石雕还是陶瓷件，不仅少，而且都十分刻板而呆滞，远没有了汉唐雕塑的灵动之气。

　　清代外销瓷由于受西方人喜欢，景德镇艺人开始做各种各样的彩绘雕塑，而福建德化则大量地生产白釉的雕塑瓷（图1），基本上可

图1-1. 荷兰人物像，约1700年，图片来自 *Treasures of Chinese Export Caremics* 第212页

图1-2. 鸡形执壶，1680—1690，图片来自 *Treasures of Chinese Caremics* 第205页

图1-3. 人物雕塑，1700—1720，图片来自 *Treasures of Chinese Export Caremics* 第211页

以说大部分白釉瓷雕都是德化生产，康熙时期开始大量出口，而大部分彩绘雕塑、色釉雕塑都是景德镇生产，康熙时期多五彩、素三彩瓷雕，雍正乾隆朝则以粉彩瓷雕为主，19世纪多仿康熙三彩、五彩和粉彩瓷雕，而青花瓷雕则在德化和景德镇都有生产。手法上压坯成型和注浆成型的都有，内容上也是中外人物、动物都有。

记得早期参加外销瓷拍卖时，一件很小、很不起眼的青花西方人物的雕塑，小小的，结果被买家竞争到了20万美元，我们环顾一下，看看谁这么有钱，一看还都是一些大古董商和收藏家，其中还有我们的朋友、著名的学者和古董商霍华德·安吉拉女士。事后我们就去问她，她说受朋友委托竞拍，没想到这么贵。这件雕塑瓷叫"Nobody"，全世界目前看到的大约只有7件（图2），我说这件瓷器这么有名，当时是谁订制的呢？她说不清楚，只是有学者研究出来这是清代唯一一件雕刻欧洲人的青花瓷，也是最早的。青花瓷雕出口贸易在明代晚期有一些，因为欧洲人

图 2. "Nobody" 人物雕塑，图片来自 *Treasures of Chinese Export Ceramic* 第446页

图 3. 夫妻雕塑，图片来自 *Made in China* 第176页

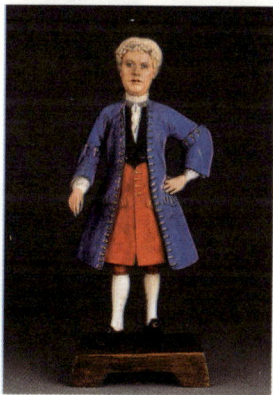

图 4. 乾隆西方绅士雕塑，图片来自 *European Scenes on Chinese Arts* 第107页

喜欢色彩的原因，清代的青花瓷雕不多。后来，因为这件雕塑特别稀少而珍贵，所以，有一次美国皮博迪埃塞克斯博物馆在做一个中国古代瓷器展览时，特别做了一件装置作品，就是到景德镇制作了几百个"Nobody"雕塑，和陶瓷厂装瓷器的木架子一起，一层一层放在那儿，象征历朝历代中国瓷器古玩字画的仿制。

订制西方人物雕塑的有不少，有的是依据自己喜欢的西方雕塑到中国来订制瓷雕，还有的是以铜雕像为范本来中国给自己或亲人做雕塑像，但随着年代的推移，当时制作的瓷雕是什么人就很难知晓了。英国当时有一位海军上将约翰·宾（John Byng）非常喜欢中国瓷器，当时被人讽刺说他是"只爱瓷器不爱江山的海军将军"，他因为在英国和法国的七年战争中没能阻止法国人包围米诺卡岛而上了军事法庭，并被判了死刑，报纸上说这位将军在他下令使法国人逃脱时，他正坐着欣赏中国瓷器呢。可见中国瓷器当时对欧洲人有多大的吸引力。这位海军上将收藏了一对人物雕塑（图3），是数量极少的私人订制的一部分，这一对夫妻雕塑可能是荷兰商人和他的妻子，但女子的服装又像是德国西南部斯瓦比亚的妇女。18世纪这种极少数量的雕塑是外销瓷收藏中的热门。

西方人物雕塑中也有做成西方商人、绅士、贵族模样的（图4），但量都不大，西方人讲究实用，陈设用的雕塑他们做得不多。人物雕塑中做得最精美也和实用性相结合的要数烛台雕塑了。美国著名收藏家霍道夫先生收藏了一件康熙德化瓷雕，雕的是一位骑在马上的传教士，手上拿着一个像杯子一样的东西，就是做烛台用的。用传教士造型做烛台，象征着他们点燃了人们心灵的亮光。雕塑上精致的金色纹饰是到英国以后再加上去的（图5）。做烛

图5.骑马人物雕塑烛台,1700—1720年,图片来自 *Made in China* 第174页

图 6. 仕女烛台，1760—1780 年，图片来自 *Chinese Porcelain in the Conde Collection* 第 197 页

图 7. 康熙金刚力士烛台，图片来自 *Baroque & Roll* 第 41 页

台的人物雕塑比较多的是中国古代仕女雕塑烛台（图6），用粉彩描绘精美的服装，造型甜美的仕女们手捧着花瓶，中国人常喻意这样的造型为"送平（瓶）安"，有的还在旁边加了一只小鹿或小狗等，蜡烛就十分巧妙地插在花瓶上面。还有许多狮子等动物造型的烛台和金刚力士烛台，等等（图7）。从康熙时期开始，就有一些童子的雕塑（图8），是中国孩童的样式，中国虽然有多子多福象征喻意的"百子图"，但单独做童子雕塑的很少。而且，这些雕塑每个人都是双手成九十度弯曲向前，开始不知是什么意思。后来看了一些西方收藏家的家庭布置，才知道这些孩童造型是配合铜制烛台用的，儿童弯曲地托着或绕着烛台，作为弯曲的烛台支架。

不仅仅有中国的仕女、孩童做成的雕塑运往欧洲，对于那些不能来中国的大部分欧洲人来说，中国官员长什么样子、人们怎么生活的、中国人如何玩乐的、家庭生活是

图 8. 童子烛台, 1735—1745 年,
图片来自 *Chinese Porcelain in the
Conde Collection* 第 181 页

怎样的，等等，不仅在瓷器上有许多诸如"满大人"纹饰
那样的绘画，还有一些人们寻欢作乐和官员及家庭生活的
雕塑，等等。这对满洲官员的夫妻雕像（图9）做工十分
精致，男士胸前有方形的官员补子，从纹饰中可以看出是
个大学士官；女士穿着红色的礼服，衣服纹饰上有祥云和
波涛，这两个雕塑的头部都是活动的，当你动一下雕像，
他们的头就会不断点动。在欧洲有不少制作精美的中外人
物雕像，不仅仅是中国官员商人，还有欧洲的商人、贵族
夫妻雕塑。在前面我们提到的英国海军上将收藏的那两个
人物是比较稀少的私人订制，也有一些批量生产的一般人
物雕塑。讲究实用的欧洲人，也会把人物雕塑做成器皿，
如把头像做成杯子。这个坐着的人连同他坐的石头整个做
成了一个酒壶，准确地说叫饮用器（图10），这种人物雕
塑饮用器是仿代尔夫特和布鲁塞尔的陶器，装着不同的饮
料或红酒，注入口在他的帽子下，出水口在他的双脚间的

底座上。这个人物雕像的原型可能来自一个名为"托比·菲尔布特（Toby Fillpot）"的同名歌剧的印刷品上，也和莎士比亚的《第十三夜》中的托比·培尔契爵士有些相似，在歌剧出版物中的托比是一个喜欢喝酒的军人，《第十三夜》中的托比爵士则是一个肥胖、粗鲁、经常酗酒却性格快乐幽默的人物，这个人物雕像更像后者。

外销瓷的雕塑人物中不仅有西方和中国各阶层的男女老少，还有中外的宗教人物，其中"送子观音"和"圣母玛丽亚和圣子"雕像就是一个很有意思的造型，东西方文化在这两个雕像中产生了碰撞，是个比较有意思的话题。

观世音菩萨来自佛教，原为"大乘佛教西方极乐世界教主阿弥勒佛座下的上首菩萨"，为"西方三圣"菩萨之一，进入中国以后，中国把他本土化，

图9.18世纪晚期满洲官员夫妻雕塑，图片来自 Baroque & Roll 第55页

图10.人物雕塑饮用器，1760—1780年，收藏于美国皮博迪埃塞克斯博物馆

变成了一个女的，编了个故事，说她是楚庄王的三女儿，从出生起就一心向佛，不愿婚嫁，被赐死后在普陀山复活，并在普陀山修炼成佛。所以普陀就成了观世音菩萨的道场。佛教本土化后，原观音菩萨在《妙法莲华经观世间菩萨普门品》中记载的：有着为不孕妇女送子的功能，

图 11. 德化观音像，1620—1650 年，图片来自 *Chinese Expoert Ceramics* 第 126 页

正好适应了人们求子的心态，于是"送子观音"应运而生。中国明代以前的"送子观音"雕像资料很少，大多观音菩萨雕像和其他菩萨造像基本相似。明晚期的德化观音像开始，观音菩萨头上多了个头巾（图11），后来有的雕像还加了个披风，而此时拿到中国来做的圣母玛丽亚的雕像原本就是有头巾的，我们从文艺复兴的米开朗基罗做的"圣母子"雕像中可以看到。所以，从明代晚期开始，外销的圣像中不仅有"圣母"和"圣母子"雕像，还有观世音菩萨雕像，西方人看到一位慈祥的女性，十分神圣的造型，又抱着或扶着一个可爱的小孩，自然会想起他们熟悉的"圣母子"，由这种熟悉产生的亲切感，使西方人开始订制德化产的"观音"和"观音送子"像。也许是因为购买者的要求，也许是商人从商业上考虑，德化"观音送子"不仅加了头巾（图12-1），有点像圣母玛丽亚，而且，他们只要让孩子手拿一个十字架或在大人的脖子上加一根十字架项链，或改变一下孩子和大人的某些细节，观音像就成了圣母和圣子的雕像了（图12-2）。

英国东印度公司的商船拿索（Nassau）号于 1699 年离开厦门回英国，它的货单上列有 170 件"女性和小孩"和 39 件圣母玛丽亚瓷像。在这艘货船到达伦敦后的 11 月销售图录中，这两种雕塑标注有三个不同的尺寸。1703 年的私人货船达什伍德（Dashwood）号也有两种尺寸的玛丽亚雕像，有许多观音送子和圣母玛丽亚像被收藏在英国皇室。

中国瓷器雕像的技术和艺术水平在外销中得到了很大的发展，尤其是人物雕塑，外销之前的瓷雕只有少数供奉在庙里的佛像。而且，由于商业上的原因，中国本土的审美观也随之而改变。明代万历年间的外销瓷雕八仙，就只有青花，那时的外销瓷大多都是青花瓷。这件万历年做的青花铁拐李瓷雕产自景德镇（图 13），人物表情十分生动，手拿着个小酒瓶，赤着脚，衣服上画着祥云、海涛、鹤和海兽。明代的青花雕像无疑是很耐看而朴实大方，到了清雍正以后，再严肃的宗教人物都变成了花哨的华丽模样了，

图 12-1. 德化观音像，图片来自 *Treasures of Chinese Export Ceramic* 第 207 页

图 12-2. 米开朗基罗雕圣母子像，图片来自维基百科

图 13. 明万历青花铁拐李，图片来自 *Baroque & Roll* 第 5 页

图 14. 八仙雕塑，1775—1800 年，图片来自 *Made in China* 第 182 页

八仙也不例外（图 14）。商人们告诉西方人说这是漂亮的中国神仙，只为了在欧洲好卖。从这套八仙和寿星雕塑来看，每个人的头型、发型、头饰都不一样，服装和纹饰也都不一样，每个人的动作和道具也不一样，雕塑突出了华丽的衣服，缩小了每人的法器。所以这样的"八仙"不是被供奉的神仙，而是漂亮的装饰。

和人物雕塑一样，外销瓷中的动物雕塑也分和实用器皿结合的与完全是陈设物两种，有一个原则就是做成实用器皿的必须是能吃的，如鸭子、鸡、猪、鱼，等等，狗、猫、兔子等宠物是不会做成实用器皿的。

这些动物陈设性雕塑中，有中国传统的狮子（图 15-1），还有各种精美的鸟儿（图 15-2），狗的种类也做得很多，大多是欧洲人喜欢的宠物狗（图 15-3），其他的动物，如象、马、天鹅、猴子等都有制作出口。多数动物雕塑都不大，只是桌案上的摆件，少数和实物一样大，鸡、鸭等也有和实物差不多的。

做成汤钵的动物比较多，雍正晚期、乾隆早期做成汤钵的鱼特别漂亮，鱼的色彩装饰，除了锦鲤鱼要做成和真鱼一样好看的色彩，还要画得花哨又活灵活现还真不容易。外销瓷中的鱼汤钵做到了这一点（图 16），在每一片鱼鳞上都有精致的刻画，看起来像鳞片，而整个

图 15-1. 狮子雕塑，约 1710 年，图片来自 *Mandarin and Menagerie* 第 212 页

图 15-2. 鹦鹉雕塑，约 1710 年，图片来自 *Mandarin and Menagerie* 第 378 页

图 15-3. 宠物狗雕塑，约 1760 年，图片来自 *Mandarin and Menagerie* 第 177 页

图 16. 鱼形汤盆，约 1770 年，图片来自 *Mandarin and Menagerie* 第 137 页

图 17. 象形汤盆，约 1785 年，图片来自佳士得图录

鱼的色彩则在写实中有夸张，十分大胆而又不失真实。

当动物雕塑和整套餐具结合时才比较有意思，整套餐具上都画着鸭子，而大小汤钵也都是这个鸭子，摆上餐桌一定很有趣。今年纽约佳士得一场拍卖上有一套三件的餐具十分难得（图17），那是根据一张画绘制的。一个西方人赶着一头卧着的大象，盘子上画着一个人和一头大象在赶路，大象好像累了，卧在那里，汤钵是依照这个画面上卧着的大象造型做成，在大象背上爬着一只小狗，被巧妙地做成汤钵的盖纽，从它们的比例可以看出大象的尺度来。

外销瓷中的雕塑十分丰富，有藏家专门收藏动物，也有藏家专门收藏人物雕塑，许多压坯成型的雕塑数量很少，十分珍贵。中国陶瓷雕塑在近几个世纪以来的水平提升，无疑与外销的瓷雕有关。新中国成立以后，景德镇还成立了雕塑瓷厂，专门从事瓷器雕塑，随着中国艺术逐步进入家庭，以后陶瓷雕塑将会在现代艺术领域占有一席之地。

006

输出情爱
——瓷器上的《凤仪亭》

　　中国历史上的情爱故事，除了《西厢记》在瓷器绘画上历经 300 年而不衰，还有一些画得比较多，如《凤仪亭》。从康熙青花、五彩的《凤仪亭》开始，一直到晚清、民国都有瓷画，而康熙青花《凤仪亭》作为一个纹饰大量地出现在外销瓷中（图 1）。

　　《凤仪亭》是三国的一个故事，美女貂蝉逃难流落到王允之府，王允在汉室官拜司徒。当时董卓弄权，挟持汉帝，仗着武功高强的吕布是他干儿子，谁也奈何不了他。王允将貂蝉送入董卓府，以挑拨吕布与董卓的关系。一日董卓入朝，吕布约貂蝉到凤仪亭私会，貂蝉哭诉董卓霸占之苦，此时董卓回来撞见，大怒，拔出吕布的画戟刺向吕布。吕布逃走，后来杀了董卓。

　　销往西方的日用瓷上的纹饰，大多是山水亭院和花鸟，人物故事除了一些亭院仕女之外，情节清晰的历史故事画面不多。因为瓷器要大量生产必须得具备这几个条件：一要有市场，人们都喜欢；二是比较好画，画面规范。《凤仪亭》的故事正好满足了这两点。在十七八

图1-1. 康熙青花凤仪亭图盘，
英国私人收藏

图1-2. 雍正晚期、乾隆早期
粉彩凤仪亭图盘，私人收藏

世纪的欧洲，人们开始追求享乐和男女情爱。在乾隆时期，西方将大量有关男女情爱的绘画拿到景德镇来绘制瓷器，就说明了这个内容有市场。关于第二点，《凤仪亭》的画面人们不仅熟悉，而且特别规范而清晰：亭子，柳树，头戴紫金冠、插双雉尾、身穿箭衣的吕布。画中人物是一对青年男女和一个男性老人。这个场面，古代画画的人都很熟悉，因为在中国封建社会数千年历史中，画家为人们画"春宫图"就类似这个格式。

图1-3. 晚清广彩凤
仪亭瓷盘，私人收藏

"春宫图"是古代嫁女儿时放在嫁妆箱子底下的，是教新婚男女关于性生活的图画，目的是为了传宗接代（图2）。当年唐寅等许多著名画家都画过，所有画春宫画一概不留画家的名和款识，所以无法知道那些春宫画是谁画的。部分春宫画中，除了正在做爱的男女之外，还会有一个老者。老者多是笑脸，因为传宗接代是一个家庭中的头等大事。人丁兴旺，通常与家运亨通是同样的意思。

图2. 夫妻共读春宫图，17世纪末、18世纪初，图片来自 *How to Read Erotic Art* 第207页

中国与日本都有这一传统，原本只是在家庭内部，并没有作为商品在市场上流通。但西方人看见了，觉得商机来了，他们除了大量购买"春宫画"，还专门制作了春宫的瓷器（图3）。这些瓷器一进入欧洲，立即被人买去，目前市场上也不多见。在康熙海禁时期，瓷器贸易转向了日本，春宫画也大量地在日本绘制。前些年在耶鲁大学博物馆和大英博物馆都举办过中国和日本春宫图的展览。中国社会一直到1949年以前都有绘制"春宫图"的画坊，春宫图还有一个销路就是妓院。

人类的繁衍在任何一个民族都是一件大事。早在距今2万多年的

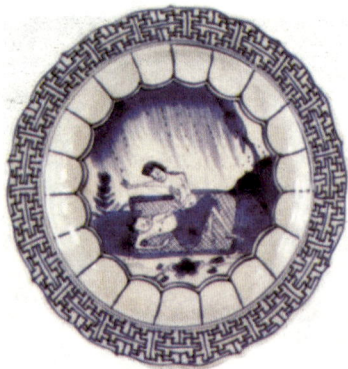

图3. 青花瓷碟，图片来自 *Chinese Ceramics in the Collection of the Rijksmuseum* 第113页

非洲原始部落，有这么一件石灰岩制的雕像，上面覆盖了赭石色的化妆土。这个被称为最古老的维纳斯的原始雕塑（图4），夸张了大腿、腹部和胸部及臀部，但完全模糊了头和脚。头部只是个简单的球形，却又精准地雕刻了可能是头发、可能是装饰物的部分，强调了大大的乳房和肚子，这是一个十分有现当代感的雕塑，真应了那句话"一切艺术都是当代的"。雕塑的双臂几乎看不到，但所

图4. 沃尔道夫的维纳斯，图片来自 *How to Read Erotic Art* 第11页

有手镯、手链及装饰部分都仔细刻了出来。石头在这里变成了柔软的皮肤，往外鼓出来的肉和关节处硬硬的骨头形成对比，一切与生育无关的部分都被简化了。25000年前的雕塑，多么了不起。这就是被称为"维化多夫的维纳斯"或"沃尔道夫的维纳斯"。先人们用血红色的赭石化妆土覆盖在雕塑上，可能是要唤起人们对月经或分娩时出血的联想，一切现代艺术的语境原来在这里都有。

据调查，在全世界至少有超过100件年龄在10000—138000年的女性生殖雕像，人们统称为原始的维纳斯。

这些都是伟大女性的形象、生育繁衍的形象，而中国春宫图只是如同性教育一样，是达到生育的方法介绍，与"淫秽"不是一回事。但如果说直接表现性交的画面只有中国和日本的"春宫图"里才有，是中国和日本的专利也不对。虽然有资料说中国汉代就有"春宫图"，但毕竟没有看见过实物，而在公元前1300—公元前1100年的埃及壁画上、公元前300到500年的希腊画瓶上都有直接表现男女性交的画面(图5)。即使在禁欲的欧洲中世纪,也有不少男女情爱的图画(图6)。

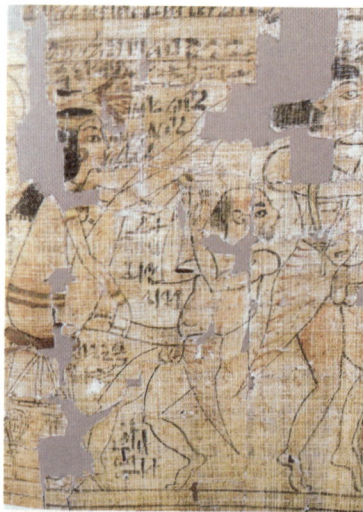

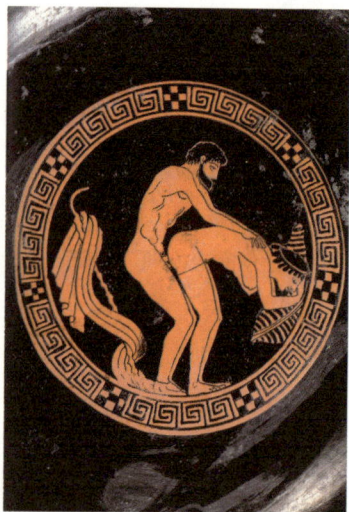

图 5-1. 埃及公元前莎草纸画，图片来自 *How to Read Erotic Art* 第 21 页

图 5-2. 希腊陶瓶上的情爱画面，图片来自 *How to Read Erotic Art* 第 33 页

因此无论是印度还是两河流域地区及古埃及、希腊等古老文明的发源地，都有生殖崇拜的古文化习俗，一直到现在，一个民族的生育和人口的繁衍，依然是一个国家、一个民族的大事。

但是，性爱与传宗接代又似乎不是一回事，人们喜欢看的是性爱，而不是生育。可是又如何分得开呢？绘画艺术的题材，在那些禁欲的年代，画家们依然画着夏娃摘苹果和受胎告知，以及后来流行的"苏珊娜"的故事。这个故事不仅大量地画在油画上，也被拿到中国来制作成瓷器。苏珊娜的故事哪怕是在中世纪，也一样在画《圣经》故事的诸多图画中最受人们的欢迎（图7）。当然在18世纪上半叶，浪漫主义流行的时期，人们为了突出女人体貌的美，把两个又老又丑的男人放在优美的女人旁边，也是为了表现人性的美与丑对照的浪漫主义风潮。故事来自《圣经》

的"但以理书"，苏珊娜是一位富商的妻子，长得很漂亮，两个好色的长者意图对她不轨。一日，她在花园中洗澡时，两个长者出来想强奸她，并威胁说如若不从，就指责她不贞。苏珊娜拒绝了他们，于是这两人便诬告苏珊娜，使苏珊娜被判死刑。当苏珊娜的祷告被主聆听了以后，主便遣青年先知但以理前去为其申冤，使她最终得以清白，而邪恶的两位长老则被处死刑。自文艺复兴时期，意大利、

图6.中世纪情爱画，约1314年，图片来自 *How to Read Erotic Art* 第89页

威尼斯画派大师丁托列托画了《苏珊娜出浴》，到18世纪至少有上百幅这个题材的油画（图8），可见人们对这类题材的兴趣。

当然，站在男性主权的角度表现情爱，离不开女性人体的美。因此，西方17、18世纪的油画的画面主要有：一是女性的美，从文艺复兴开始画女性人体和《圣经》及传说故事中的女性。二是美与丑的

图7.《贞洁的苏珊娜》，14世纪后半期，图片来自 *How to Read Erotic Art* 第97页

图 8.《苏珊娜与长者》，1610 年，提列斯基 (*Artemisia Gentileschi*) 绘，图片来自 *How to Read Erotic Art* 第 179 页

对照；三是男男女女在一起欢乐的场面。17 世纪前基本是宗教题材，后来在荷兰开始画一些生活中的女性和节日里男女欢愉的场面。但是，单独一男一女的绘画在西方绘画中不多见。而在中国很多。康熙时期大量的春宫瓷画、纸画销往欧洲，内容所表现的都是一男一女的性事，而中国传统故事的画面也大多是一男一女的场景。

  同样男女情爱的画面有很多，如"唐太宗与杨贵妃""吹箫引凤""张敞画眉"等。这件张敞画眉图盘有典型的迈森风格边饰，外沿上有三个花卉开光，中心画着人物故事图（图 9）。图中屋内的桌子前坐着一位男士，正在给旁边的女士描眉，屋前还有两位仕女正端水进送。画面故事出自《后汉书》，男士是张敞，为西汉时的京兆尹，和太太感情很好。因为他太太幼时受伤，眉角有缺陷，所以张敞每天上朝之前都要给太太画好眉后才出门。真是一位好丈夫啊。后来有人把这件事告给了汉宣帝，汉宣帝在一次上朝时当着很多大臣向张敞问起这件事。张敞说"闺房之乐，有甚于画眉者"。之后便用"张敞画眉"来形容夫妻恩爱。不仅瓷器上画男女情爱画面，在瓷雕上更是大量地塑造男女欢愉的塑像，有人把这一类雕塑称为"吃、喝、嫖、赌"。从现在各地拍卖行大量地出现这一类拍品来看，当年这些雕塑的销量一定不会少。雕塑中有男人跪地向女人求爱的，有的是一副色迷迷的容貌，有的则是一种很幸福的样子，还有喂吃的、掏耳朵、修脚、剔牙、喝酒，等等（图10），什么都有，而且表情丰富而生动，十分有趣，拍卖价还都不低。

受中国的影响，也是市场的需要，在18世纪以华托为代表的洛可可绘画和装饰艺术中，一个个衣着华丽丝绸，光鲜亮丽的女子身边，也总是围绕着一些绅士们，人们或聚会餐饮，或游园，或骑猎，也是一派追求享乐的景象，中国的这些享乐男女正好迎合了欧洲此时的风尚。也是受中国情爱瓷画的影响，1740年左右，大量的欧洲男女情

图 9. 张敞画眉，收藏于南昌大学博物馆

图 10-1. 乾隆夫妻打扮人物雕塑，图片来自 *Mandarin and Menagerie* 第 118 页

图 10-2. 乾隆夫妻对饮人物雕塑，图片来自 *Mandarin and Menagerie* 第 117 页

图 10-3. 乾隆夫妻掏耳人物雕塑，图片来自 *Mandarin and Menagerie* 第 119 页

爱绘画出现在中国瓷器上。1735 年出现了一对衣着华丽的青年男女牵着一只狗在公园散步的伊万里样式的瓷画（图11）。这是荷兰订制的，第一批做得比较精美，后来陆续又做了一些略差一点的。这显然是一对贵族男女在散步，不知为什么荷兰人说这是法国路易十四和他的情妇，法国人则说是荷兰总督和他的老婆。毫无疑问，那时候这些男女情爱画面人们虽然都喜欢，但似乎也不是能拿出来公开宣传的事。可是，在 18 世纪大航海时代，有一种情爱画面却是从油画、版画到瓷器，都大张旗鼓地公开宣传印制，深受人们喜爱，那就是即将远航的水手和他的妻子或未婚妻在一起的画面。这种场景在外销瓷中很多。还有只是一对情侣在一起的画面(图12)。这一对青年男女依偎在树下，看着远方，有的场景会在背景上画远方的帆船，或一排飞翔的大雁来隐喻亲人的分离。

猴子在中国被赋予了美好的含义，由于猴与"侯"谐音，所以"拜将封侯""马上封侯"等吉祥画面很多，而且古代还有画家专门画猴子。清末出现了"百猴图"的绘画，

图 11. 青花五彩描金人物故事盘，收藏于　　图 12. 乾隆粉彩告别图盘，作者收藏
南昌大学博物馆

与"百子图""百鹿图"一样深受人们的喜爱。可是在西方，猴子代表了"性"。这是一件乾隆早期根据西方绘画的瓷盘（图 13），一个女人坐在树下的石头上，裸露着乳房，手里拿着一枝玫瑰花，代表着爱情，另一只手摸着猴子，表示她"思春"了。山上的城堡表示她是贵族的富太太，远飞的大雁象征她的先生在远方。

当今无论东方还是西方，都有过"情人节"的习俗，尤其是年轻人。

图 13. 乾隆粉彩人物图盘，作者

图14. 乾隆粉彩情人节主题纹饰
瓶，作者收藏

早在200多年前的欧洲，人们将一些和情爱有关的物件放
在一起，组合成了"情人节"纹饰，情人节纹饰由这么一
些东西构成：首先是爱情花束和花环，有鲜花代表浪漫的
爱情，这是大家都知道的；然后有个爱情圣坛，这个圣坛
喻意着爱情的神圣，圣坛上一对鸽子在亲吻，代表被神恩
赐的爱情，还有爱神丘比特的箭囊，也就是中国人说的"缘
分"，被爱神的箭射中了；最后还不忘记光有爱是不够的，
还要有面包，因此还要有一棵面包树（图14）。

　　中国瓷器带着中国的土与水、火，在向欧洲和世界各
地输出中国文化，也为西方积存了历史和文化及宗教的记
录，同时也向世界输出了中华民族的情爱观和中国人的大
爱。

007
西方的公司机构与
中国瓷器

在伦敦泰晤士河边临近伦敦塔桥的地方，有一座类似城堡一样的组合建筑群，那就是著名的伦敦塔监狱，也叫"白塔"（图1-1），因几百年前整体建筑被漆成了白色而得名。伦敦塔最早建于1078年，由征服者威廉下令用法国运来的大理石修建，威廉是位于现在法国诺曼底的诺曼底公爵，于1052年渡过英吉列海峡占领了英国，并于12月25日在威斯敏斯特教堂加冕为英格兰国王。伦敦塔建成后还做了皇家动物园（图1-2）、军械库、国库、天文台和监狱，还做过皇宫，最后一次做皇宫是16世纪詹姆士一世时作为他的皇宫使用，最后一次做监狱使用是20世纪40年代的二次大战时期。

伦敦塔和中国瓷器有什么关系呢？因为近300年前这里关了一个人，他的事情被反映在了中国瓷器上。1720年年底，英国财政大臣罗伯特·哈利（Robert Harley，1664—1724）因犯贪污受贿罪而被关进了伦敦塔，他的事是因南海公司而起的。1711年成立的南海公司，是

図 1-1. 白塔，作者拍摄

図 1-2. 白塔，
作者拍摄

由英国皇室和不少上层人物入股的、一个专营英国与南美洲贸易的特许公司，那时候英国财政欠了不少国债，南海公司就贿赂政府，向国会推以南海公司的股票换英国国债的计划，使得本来就虚假业绩和夸大公司业务前景的南海公司股票更加泡沫化膨胀。1720 年年初每股价 120 英镑，仅 7 个月涨到了每股 1000 英镑以上。那时全民疯狂炒股，为了规管这些不法行为而在 6 月份国会通过了《泡沫法案》（English Bubble Act），而当时英国与西班牙的战争也影响了南海公司的业务。所以，理想化了的市场使南海公司股票在 9 月份就从 1000 多镑以上迅速落到 190 镑以下，大量的商人、市民破产，包括著名的物理学家牛顿在内的多少人血本无归。

那时候股票才刚刚被发明出来仅 5 年多的时间，如此大胆的英国公司炒作股票引起了他的竞争者荷兰东印度公司的重视。荷兰东印度公司迅速在 1721 年到中国订制了一批讽刺南海公司股票泡沫的瓷器。这批瓷器有青花五彩和矾红等几个品种（图 2），大部分都是盘子和碟子，最后一批订制的时间是 1725 年。人们通常称这个设计为"小丑盘"，因为盘子上画的是跳舞的小丑，穿着格子裤和衣

图 2-1. 南海泡沫事件矾红描金盘，作者拍摄

服。这些画的人物来自意大利即兴喜剧，化装成小丑的喜剧人物通过语言对话，依赖于机智的反应和插科打诨来引起人们的笑声，内容多是讽刺当时的时政和生活片断。由于人们喜欢这种喜剧，所以就出现了很多的画喜剧小丑的素描和版画（图 3）。这些小丑瓷盘大部分是6 寸多的小盘子，当时的荷兰东印度公司显然不是为了商业目的而订制了，那样他们就会做许多的实用器型，至今尚没有看到除盘子以外的器型，它好像是被当作给荷兰投资者的一个警告，来防止类似的事情在荷兰重演。我们来看盘子上写了什么字吧："谁想在乌特勒支和新阿姆斯特丹进行投机活动（Wie op Uytrecht of Nieuw Amsterdam）"，"股票即欺骗（Sehyt Actien en windhandel）"，"代尔夫特有 50% 的利润（50 percent op Delft Gewonnen）"，"远离愚蠢的股东（Weg

Gekke Actionisten)"，"用音叉演奏股票价格的进行曲（De Actiemars op de tang）"，"上帝啊，我失去了所有股票（Pardie al myn actien kwyt）"。其中"用音叉演奏股票价格的进行曲"也可译为"股票价格在音叉上跳动"，这是古荷兰谚语，音叉是类似钢琴调音器的乐器，舞者手里拿的就是音叉。

这批盘子的订制量很少，南海公司事件又是历史性影响的大事件，所以，这几个小盘都卖得非

图 2-2. 南海泡沫事件青花五彩盘，图片来自 *Made in China* 第 49 页

常贵，前两年伦敦一个小拍上，有修补的三个盘子，还是最后订制的那些不很精美的矾红盘子，我以为能捡到漏，结果还是望价却步。

与南海事件有关的还有一件著名的纹章瓷，这是南海公司执行长约翰·兰伯特（Sir. John Lambert，1666—1723）订制的纹章瓷（图4），

图 3. 四位意大利即兴喜剧人物，约 1715 年，*Claude Gillot* 作，图片来自维基百科

图 4. 康熙粉彩约翰·兰伯特纹章
瓷盘，收藏于南昌大学博物馆

更为重要的是这件瓷器是有史料记录的第一件外销的康熙粉彩瓷。这件瓷器上只有粉红、绿等两三种颜色，从 1722年出现粉彩开始，五彩和粉彩混搭使用在一件瓷器上的现象一直延续到 1730 年左右，1730—1735 年期间，是雍正粉彩色料品种最多，做工精细的几年。这件以矾红金彩为主的纹章瓷，中心的纹章显得有点诡异，盾牌如同一个头像的脸部，上面用不同颜色的树叶组成一个有点像头盔的形状，盾牌上一条奔跑的灰狗和一棵橡树，下面的座右铭是拉丁文写的"公正"二字。纹章的冠部被安排在中间的边饰上，一组翎毛立在一个托的上面。瓷器的三条边饰的样式流行于 1720—1730 年之间，1725 年以后用得少了一些。

约翰·兰伯特先生于 1711 年 2 月被授予男爵头衔，他从 1711 年南海公司成立就为该公司效力，后成为公司董事和负责人。也许是南海公司股票泡沫对他的打击太大，兰伯特于 1723 年 2 月去世。南海公司直到 1853 年才正式关闭，其剩余的股票全部被赎回或被转换成国债。

荷兰东印度公司比英国东印度公司晚成立两年，但却

图 5. 荷兰瓦尔克尼尔家族纹章瓷，图片来自 *Made in China* 第 63 页

早进入与中国的瓷器贸易。荷兰东印度公司曾在中国订制过他们的公司纹章瓷，但也许是荷兰人太实际了，这种带纪念性意义的东印度公司纹章瓷，好像只有小杯小碟和一般尺寸的盘子，很少看到其他的器型。

荷兰东印度公司由于是 17 人董事会管理，所以，他们没有如英国公司那样的公司董事长家族订制瓷。但是，由于荷兰东印度公司驻点负责人是有行政长官的权力，具有指挥军队的权力，所以地区总督的权力非常大。荷兰东印度公司驻印尼雅加达总督阿德里安·瓦尔克尼尔（Adriaan Valckenier，1695—1751），此人在 1715 年到 1741 年都在雅加达的东印度公司工作，后来担任总督一职，在任总督期间，他运用武装力量，对那些把茶叶、瓷器卖给英国人、不与荷兰人合作的中国人和当地人进行屠杀，公司内部有人视他为英雄，有人认为他是刽子手，他任总督期间确实为荷兰赚了不少银子，但是由于他滥杀无辜，公司最后决定逮捕他，并遣送回荷兰受审。他利用职务之便，订制了三套纹章瓷（图 5），一套是青花的，一套是粉彩的，还有一套极为精致，是釉上粉彩描金，并用精致的墨彩在边

图 6-1. 李家族粉彩瓷盘，作者收藏

图 6-2. 瓦尔克尼尔粉彩瓷盘，
作者收藏

饰中画出了欧洲城市的风貌。中心的纹章都是用珐琅彩绘制，而在边饰中画墨彩欧洲城市风景的，在全部外销瓷中只有两个订单（图6）：一个是美国南北战争中的罗伯特·李的祖先，他的纹章瓷绘的墨彩边饰是伦敦和广州两个城市的风景；另一个就是这位总督订制的这件。荷兰专家研究这三个开光里的风景，认为分别是：他在荷兰的出生地和位于雅加达的总督府，另一个可能是他舅舅在荷兰的家，也许是他成长的地方。

　　大约在2007年，我帮上海的一位朋友买了一些外销瓷，那时候国内都还不知道外销瓷，他运到上海时，就拿了一些瓷器给专家看，这位专家一看也很激动，拿着一个盘子说，这是典型的雍正精品瓷器，官窑的青花画工，不是官窑绘制不可能画出这么精美的青花来，中间的纹章是珐琅彩。我这时才知道了珐琅彩与粉彩的区别，由此而去看了许多纹章瓷的纹章部分都是珐琅彩。他说的这件瓷器就是英国东印度公司的理事会主席，也做过英国东印度公司驻广州主管的彼特·戈弗雷（Peter Godfrey）家族的纹章瓷（图7）。这是英国的肯特州一个显赫的家族，在肯特州

莱德乡的一个教堂里有该家族的祖先——逝于 1430 年的托马斯·戈弗雷的纪念碑。这个家族出了许多名人，该订单是戈弗雷在广州任职之时为他儿子订制的，从纹章上看他的儿子还没结婚，纹章上看不出婚姻，青花边饰的牡丹、松树和锦地纹样画得十分精美，盾牌中的三个无头鸟应该是他们家族的主纹饰，边饰上面的黑色中国小人是该家族纹章上的冠。

在订制瓷器的品质上，东印度公司的官员有着得天独厚的条件，几乎每一任英国东印度公司的董事长和广州的主管订的瓷器都十分精美。与荷兰东印度公司不同，英国东印度公司的公司纹章瓷盘是很晚才订制的。1809 年，英国东印度公司在印尼雅加达召开新老东印度公司合并成立 100 周年纪念大会，1698 年英国法案决定，新的东印度公司和 1600 年成立的老东印度公司合并，合并后的东印度公司纹章于 1698 年被英国纹章院批准（图 8-1），到 1709 年两家公司正式合并，使用的正是这个两个狮子护着十字架盾牌的纹章，在 1709 年雅加达会议上作为会议的纪念品，英国东印度公司订制了这个纹章瓷（图 8-2），大部分都是一些盘子和碗及高足盘，等等。

我们在法国旅游时，常常用英语问路，法国人总是不理，他们知道你说什么，但不愿用英语回答，英国和法国的关系在历史上一直不和，甚至影响到现在的法国或英国百姓的态度。历史上在 1337 年到 1455 年这 100 多年里，英法两国为争夺王位继承权而进行了长达百年的战争，17、18 世纪为争夺世界霸权，在印度和北美两国也发生了战争，法国支持英国詹姆二世复辟，但最终还是失败了。因此，英国成立了一些反法协会，其中一个反法协会的纹章瓷于 1755 年在中国景德镇订制（图 9）。目前看到的很多是这种大碗，上面画着反法协会的纹章，在一边各有三面旗子，中央是英国女王，手拿着矛和盾，中间的盾牌上是一位骑在白马上的勇士手执长矛刺向法国蓝色的皇室纹章盾牌，两边的护兽是右边老鹰，左边是狮子，从纹章中可以看出英法两国的矛盾和英国人的态度。

图 8-1. 英国东印度公司 1698 年授权的纹章，图片来自维基百科

图 8-2. 英国东印度公司纹章瓷，收藏于南昌大学博物馆

图 9-1. 反法协会粉彩瓷, 1755 年, 收藏于南昌大学博物馆

图 9-2. 反法协会纹章瓷碗, 收藏于南昌大学博物馆

18 世纪晚期和 19 世纪早期, 英国共济会在中国景德镇订制了不少纹章瓷, 上面都画着共济会的符号: 圆规、角尺、法典和所罗门神殿的柱子等 (图 10) 。这个全球最大的"地下组织"究竟是怎么产生的呢? 按他们自己的说法, 他们是该隐的后人, 早在诺亚方舟之前就醉心于科技的研究, 在大洪水之前, 他们就将探索的伟大学问刻在两根石柱上, 这也是纹章中的两根石柱的由来。在建造了巴比伦塔后因为语言乱了而无法结团, 他们就私密结社, 用口令和暗号来联络, 在建造所罗门神殿时, 该组织的一个领袖解决了一些关键的建造难题而遭人陷害, 但却和耶稣一样死后又复活了。他们在古希腊被称为"丢尼修建筑团", 在中世纪为基督教建大型教堂, 他们信奉神为宇宙的伟大建造者, 学习并通晓天文、地理和几何物理等学科。纹章中的太阳和月亮代表所罗门的神殿, 两根铜柱象征着世界和人的两重性。而且说该组织从中世纪以来就一直受到迫害, 但真正的出现在世人眼中还是在 18 世纪初的英国。1717 年以前, 在伦敦有四个小酒馆, 每周总有一些人在这里聚会, 他们大多是贵族和高级神职人员, 聚会定期举办, 多是社交和餐饮, 也会有一些讨论。1717 年 6 月 24 日, 是"圣约翰日"(圣约翰是共济会的守护圣人), 四个会所的成员全部会聚在伦敦圣保罗大教堂旁边的"烤鹅大厦 (Goose and Gridirm Ale-house)", 联合成立了一个总会所, 命名为共济会英格兰第一总会, 选举安松·塞亚 (Anthony Sayer) 为第一代总导师,

图10-1. 共济会纹章粉彩壶，1800—1820年，图片来自 Made in China 第148页

图10-2. 共济会纹章马克杯，约1795年，图片来自 The Choice of the Private Trader 第196页

这就是现代共济会的开始，后来就发展出了法国、德国、美国等共济会所，现在全世界总共有600多万会员，历史上的许多名人、皇室成员都是共济会会员，歌德、莫扎特、贝多芬、伏尔泰、孟德斯鸠、华盛顿、罗斯福、丘吉尔、爱迪生等等都是。1723年英国出版的《共济会宪章》向世人公示了共济会的这些标志，到18世纪末，也许是英国东印度公司里的共济会成员到中国订制的共济会纹章瓷，大多是碗、盘和壶等，一直到1830年左右都有生产。乾隆晚期和嘉庆年的都做得十分精致。共济会掌握了美国和世界不少国家的金融命脉，是当今最神秘的、最有能力的世界性秘密组织。

除共济会外，在中国瓷器中还有一些类似的协会的徽章瓷，如美国的辛辛那提协会（Society of the Cincinnati）。这是美国很悠久的一个爱国组织，成立于1783年，它的使命是促进保持美国独立战争的成就，并发扬这种爱国精神，以及促进成员间的友谊。目前，该协会保留了总部和图书

图 11. 安德森宅邸博物馆，图片来自维基百科

馆以及位于华盛顿特区的安德森宅邸博物馆（图 11）。辛辛那提的名字来源于古罗马的英雄路西斯·奎蒂斯·辛辛纳图斯（Lucius Quinctius Cincinnatus），公元前五世纪，罗马元老院任命他率军抵御入侵的敌人，并授予他独裁的权力，但他并没有像凯撒那样迷恋权力，在赶走了入侵者后，他辞了职，把权力还给了元老院，返回了他的农场。协会也是要光大辛辛纳图斯的美德。在美国俄亥俄州的辛辛那提市名称是来源于古罗马的辛辛纳图斯，同时也是来源于该协会，因为这个城市是协会宾夕法尼亚州的主席亚瑟·圣克莱尔（Arthur St. Clair）于 1790 年命名的。

　　华盛顿总统是该协会成员，由于他在战争胜利后拒绝接受大军的薪酬，被称为"美国的辛辛纳图斯"。至今，除了大家都知道的纽约市"一块钱"市长迈克尔·布隆伯格之外，还有不少城市市长都不领薪水，我们在湾区居住时，萨拉托卡市的一位工程师女市长，当时就不要薪水。

　　辛辛那提协会是在 1783 年由亨利·诺克斯陆军少将（Major General Henry Knox）的提议下成立，1784 年诺克

图 12. 辛辛那提协会瓷，收藏于
美国温特图尔博物馆

斯少将的副师长塞缪尔·肖恩上尉（Captain Samuel Shaw）
随中国皇后号（the Empress of China）前往中国，于第二年
返回美国，带回来一批青花瓷（图 12），其中就有辛辛那
提协会的纹章瓷。华盛顿总统知道后，曾写信明确要购买
这批该协会徽章瓷器。也不知道华盛顿总统买了多少，也
就是因为这个原因，辛辛那提协会纹章瓷就被当成华盛顿
总统收藏过的瓷器一样，特别贵。

　　中国瓷器，不仅记录了中国的文化历史，而且记录了
西方在长达 300 年的大航海时代的一段政治经济与百姓生
活的历史，也记录了欧美各国的冲突与事件，并且由于瓷
器的釉色具有永恒性的保留功能，许多在外销瓷中的记录，
在原纸质的档案材料流失以后，在中国的瓷器上还为欧美
各国保留了一份珍贵的历史记录。

008

永远的西厢

在中国瓷器上包括外销瓷中被画得最多的中国历史戏曲故事就是王实甫的《西厢记》，大清朝200多年的瓷器贸易历史中，从开始到结束都有"西厢"题材的瓷器，所以，西方的中国瓷器专家只要看到有男有女就是《西厢记》，殊不知在外销瓷中还有"牡丹亭""司马相如与卓文君""吕布与貂蝉""唐玄宗与杨玉环""白蛇传"等男女故事，都画在外销瓷上了，但都没有"西厢记"画得那么多，时间跨度那么大。

西厢记的故事发生在唐朝贞元年间，最早是在唐代大诗人元稹写的《会真记》（又名《莺莺传》）里出现，说是写他自己的亲身艳遇。如现在一般人的艳遇一样，最后两人分开了。这个结局不符合中国百姓"有情人终成眷属"的喜好，都斥骂文中的张生为"薄情郎"。于是宋代有个赵令畤写了个商调《蝶恋花·鼓子词》，内容基本和元稹一样，只是在词中谴责了张生。金代董解元（董良）所写的《西厢记诸宫调》的说唱本，结局将其改为张生和莺莺结婚了。元代的王实甫

唐朝贞元年间，西洛有个书生，姓张名珙，字君瑞。他读了许多诗书经传，怀抱远大的志向，但至今还没有功名。

图1. 张生像，王叔晖绘，图片来自网络

应该是依据这部诸宫调西厢改编而成，结局写成了大众所喜欢的，老夫人同意，张生中了状元、当了官，两人成了婚，而不是董解元写的要背着老夫人、由白马将军来做主完婚。

曹雪芹写的《红楼梦》第二十三回《西厢记妙词通戏语，牡丹亭艳曲警芳心》，其中写"宝玉携了一套《会真记》走到沁芳闸桥边桃花底下一块石上坐着，展开《会真记》，从头细玩"。这里的《会真记》，就是唐代元稹写的，后来黛玉拿去看，也是"越看越爱看，不到一顿饭工夫，将十六出俱已看完……"

《西厢记》说的是唐代贞元年间，西洛有个书生叫张珙（字君瑞），饱读经书，胸怀大志，但没有功名（图1）。这年他带着书童赴京赶考（图2），一天到了河中府，想去探访45里外蒲关的结拜兄弟白马将军杜确，店小二告诉他当地名胜普救寺值得去游玩。接待他的和尚法聪带他在寺内参观，于是他得知崔相国夫人携女返乡暂住寺内，正好

图2. 赴京赶考，图片来自《瓷之韵》第364页

图 3. 古刹惊艳，图片来自《瓷之韵》第364 页

在寺门口遇上了相国之女崔莺莺和侍女红娘，一时惊呆了，从没见过如此端庄又艳丽的女子（图3），红娘看见了张生，他的神情让红娘觉得好笑，就叫莺莺看，同时又怕老夫人骂而赶紧拉着莺莺进屋去了。这出"惊艳"也是外销瓷中的重头戏，很多康熙青花、五彩瓷中都画了这个内容。这个张生一看到了漂亮姑娘，马上改变想法，不去看结拜兄弟，而是决定在普救寺住下来，找机会和崔莺莺接近。于是他就住在西轩房，而崔莺莺住在西厢。当时正好遇到红娘出来问方丈法事的安排，于是张生便等在门口守着红娘，见面后忙介绍说："小生姓张名珙，字君瑞，乃西洛人氏，年方二十三，正月十七日子时生，不曾娶妻……"这冒失的行为遭红娘斥责。由于莺莺每晚必在园中为逝去的父亲超生焚香，同时求上天保佑老母亲身体健康，张生知道这件事后就躲在墙角等待。晚上，莺莺和红娘进入园中焚香，一求父亲之灵早升天堂，二求母亲身体健康，到第三支香时，莺莺不语，红娘俏皮地说了出来："愿小姐早寻一个如意郎君。"莺莺拜了两拜，长叹了一声。隔墙的张生听到莺莺长叹声，猜想到崔莺莺的心思，于是随口吟了一首诗："月色溶溶夜，花阴寂寂春；如何临皓魄，不见月中人？"莺莺听到此诗不俗，也得知是张生在墙角，随口轻和了一首："兰闺久寂寞，无事度芳春；料得行吟者，应怜长叹人。"在张生和莺莺对诗以后，莺莺对张生也心生好感，只因为老夫人管得太严而无法见面。这个隔墙对吟的故事画面在外销瓷中比较多（图4）。张生正想上前相见时，她们二人急忙走了。在几年前，中国国家博物馆和英国大英博物馆、

图 4-1. 隔墙对吟，图片来自《瓷
之韵》第 365 页

图 4-2. 康熙青花隔墙对吟图盘，
私人收藏

维多利亚及艾伯特博物馆合作举办的"瓷之韵"展览上有一件康熙青
花大棒槌瓶，上面有 24 个西厢记的画面，是在瓷器上把西厢故事介绍
得最完整的一件，十分难得。我这里讲西厢记的故事就以这 24 个画面
为线索写下去（图 5）。

正当寺中要给崔相国做法事时，叛将孙飞虎听说崔相国女儿长得
像天仙一般，便带 5000 兵马，到寺里来抢莺莺。孙飞虎把寺庙团团围住，

图 5. 康熙青花西厢记场景图棒槌
瓶，图片来自《瓷之韵》第 362 页

图6-1.飞虎围寺，图片来自《瓷之韵》第365页

图6-2.张生相助，图片来自《瓷之韵》第365页

图6-3.惠明传信，图片来自《瓷之韵》第365页

图6-4.杜确退敌，图片来自《瓷之韵》第365页

如不交出崔莺莺，就将庙宇一把火烧了。寺内大家急得团团转，老夫人发下话来，谁能退兵，就把莺莺嫁给他。于是张生跪上法堂，说他有退兵之计，先稳住孙飞虎，再传信请他的拜把兄弟白马将军杜确前来相救。寺内烧火僧人惠明传信，白马将军前来解围，并活捉了孙飞虎（图6）。

退兵以后，老夫人邀张生到西厢书房住下，并约他明天到家中赴宴。当张生和莺莺满心欢喜地准备订婚约时，老夫人却在宴席上悔约，要两人兄妹相称。结果张生伤心而归（图7）。由红娘提议，入夜张生弹着一曲《凤求凰》，把莺莺听哭了。由于张生抱怨莺莺，而崔莺莺欲解释，于是就出现了红娘牵线传递书信，红娘也就成了为有情人牵线搭桥之人的代名词。由于长久见不到莺莺，又定不了婚事，张生

图6-5.飞虎救寺，广东省博物馆收藏

忧郁成疾，生病了。莺莺让红娘去探望，张生便求红娘带信给莺莺，莺莺回信约张生夜晚花园相见。张生傻傻地说："小生读书人怎么跳墙呵。"于是在外销瓷中有了很多张生跳墙的画面（图8），一般都会画个月亮，表示是晚上。由于莺莺碍于女孩的面子，夜里当着红娘的面斥责了张生，使张生更是一病不起。莺莺担忧，又写了封书信要红娘送去，说是救命的药方，红娘递到后，张生

图 7. 张生醉酒，图片来自《瓷之韵》第 366 页

果然兴奋异常，说莺莺答应今晚来书房探病，在红娘的催促下，莺莺晚上来到了张生书房内，终于互诉衷情，俩人第一次冲破了礼教的樊笼，直到三更时分才返回。日子一长，被老夫人发现了。于是，一天老夫人就拷问红娘，"拷红"的画面也就成为了瓷器上的热门画面，直到清晚期至"文革"前都有（图9）。"拷红"一事让老夫人知道了真相，于是在无可奈何的情况下，老夫人只好成全了他们的亲事，但条件是张生须在明日进京赶考，考取了功名才能娶莺莺，否则不可能。于是第二天长亭送行，老夫人说他考不上就别回来了。莺莺说有无功名没关系，早日回来迎娶，"但得白头偕老，强如状元及第（图10）。"

这时张生和莺莺两头都心悬着的，张生考不上，两人就没戏了。途中一天晚上，张生路宿草桥小店，晚上做了个梦，梦见莺莺一人瞒着老夫人追他而来，一路上历尽艰难，终于追上了他，要他不要去考功名了，两人粗茶淡饭过一辈子比什么都好。梦里所见反映了与当时"书中自有黄金屋，书中自有颜如玉"观念不同的人生观。2014 年 1 月份，我们在纽约一个老朋友的古董店里买了一件康熙青花盘，画着

图 8-1.康熙矾红描金张生跳墙图盘，
私人收藏

图 8-2.雍正粉彩张生跳墙图
盘，私人收藏

图 8-3.雍正粉彩张生跳墙图盘，图
片来自 *The Choice of Private Trader* 第
63 页

图9. 晚清青花西厢蒜头瓶，作者收藏

图10. 长亭送别，图片来自《瓷之韵》第367页

一个人在屋里睡觉做梦，梦里一个强盗拿着刀对着一个女子，而做梦的这个人正在奋力阻止，要救这位女子。当时拿回来一时看不出是哪个故事，后来一看《瓷之韵》上面的图，才知道是西厢记中"草桥惊梦"的典故（图11）。张生考取了状元，并回来迎娶了莺莺，皆大欢喜的大结局。

2015年12月嘉德拍卖，也有一件与大英博物馆一样的西厢记棒槌瓶，但有人看了说是19世纪仿的。19世纪有很长一段时间大量仿制康熙瓷器，但我认为仿这件有点难度。

清朝对情爱故事一般是禁止的，为什么会对《西厢记》网开一面呢？有人说是顺治皇帝喜欢，而顺治皇帝之所以喜欢是因为他喜爱的妃子董鄂妃喜欢的原因。有人说这个顺治喜欢的董鄂妃就是明末清初江南名妓董小宛。因为顺治帝的董鄂妃入宫不是经过正常渠道进去的，所以民国的时候才会有人牵强附会地编了一个董小宛被洪承畴掠到北京，先是在太后那儿，后嫁给顺治帝的故事。其实，董小宛嫁给了冒辟疆就没分开过，1651年董小宛去世时27岁，顺治帝才13岁，因此这个说法绝无可能。但这只能说明董鄂妃不是董小宛，并不能说明董

图 11-1. 草桥惊梦，图片来自《瓷之韵》　图 11-2. 康熙草桥惊梦图盘，作者收藏
第 367 页

鄂妃是不是喜欢《西厢记》。《西厢记》300 年流行是不
是和顺治帝有关。然而，顺治皇帝确实是多情的帝王，漂
亮的董鄂妃本是他弟媳妇，和顺治有瓜葛以后，其丈夫含
恨自尽。董鄂妃进宫后一个月就册封为贵妃，后因为爱子
夭折才一病不起，去世时才 21 岁，四个月后，皇帝也一病
不起，随爱妃而去了。这么多情的皇帝喜欢西厢记也是说
得过去的。总之，西厢记是中国历史上流传最广的一个爱
情故事。

　外销瓷中的西厢记画面，比较多的是单个场景画面的。
前面说的一个花瓶画 24 个场景的西厢故事是很稀少的。有
的花瓶画 2 个故事，有的是 4 个故事，现存于广东省博物
馆的一个雍正八棱碗（图 12）和今年纽约佳士得拍卖的康
熙五彩西厢故事五棱碗，分别在一个碗上画了 8 个和 5 个
故事，大多都有：惊艳、黄飞虎围寺、拷红、张生跳墙、
探病，等等大家都很熟悉的故事，在外销瓷的收藏中，熟
悉历史、熟悉典故十分重要，把外销瓷研究当作一个事业

做的话，首先要熟悉中、西的历史，其次要花大量时间去查阅各种版画等图版资料，为外销瓷的图画来源找到资料。西方学者在这方面工作做得很多，中国外销瓷上画着的城市建筑是现在的什么城市什么地方，画的故事是什么时候的事情，甚至哪个时间报道这件事情的报纸都找了出来，等等。许多中国外销瓷中的故事被学者们研究出来以后，这件瓷器随即身价翻倍。

康熙时期《西厢记》故事的画面在瓷器上比较多，而且每一个故事画面和戏文内容都能对应上，雍正时期也有一些，但明显量少了许多。乾隆早期，外销纹饰的重点在由欧洲带到景德镇的大量绘画，从 1735 年到 1750 年这类由欧洲绘画绘制的外销瓷，有墨彩仿制版画的，也有粉彩仿制油画的，中国传统纹饰和传统戏文故事就少了许多，而雍正以后流行的人物故事纹饰是反映清朝官员家庭生活的"满大人"纹饰。所以，这段时间的《西厢记》内容的外销瓷并不多。1757 年广州一口通商以后，外销瓷釉上彩重点转到了广州，商人对于内地的各种历史传统戏曲不是

图 12. 雍正粉彩《西厢记》故事八棱碗，广东省博物馆收藏

图 13. 清乾隆粉彩西厢记故事图八方盘，图片来自《它们曾经征服了世界：中国清代外销瓷集锦》第 230 页

很熟，绘制也不很严谨。有一件约绘制于 1755—1760 年的青花粉彩盘，有景德镇制作的青花边饰和广州绘制的粉彩，或画着一个男子手拿一束花，向亭子里坐着的女子示爱，亭内一女子坐着，她的侍女立在旁边。画面无疑来自《西厢记》，但已经具有了广州绘制的特征，也就是故事情节不严谨，而是把《西厢记》变成了一幅男子向女士求爱的象征性画面（图 13）。广彩中只有少数人物历史画面与戏文和历史记录相吻合的外销瓷，大多数都是热热闹闹的一个喜庆概念的画面。

009
中国瓷器上的西方宗教

西方文艺复兴运动以后，欧洲各国为争夺海上霸权进行了长达数百年的相互争斗的历史，这段历史基本上可以概括成海上霸权从宗教大国到经济大国的转移，从天主教国家向基督教国家演变的历史。

16世纪是天主教大国葡萄牙和西班牙的世界，这两个国家以宗教为幌子进行财富掠夺，两个国家都想去向往中的中国和印度。为避免海上冲突，在1493年5月，由罗马教皇亚历山大六世仲裁，把地球划分了一条线，一边给西班牙，一边给葡萄牙，这就是著名的"教皇子午线"。规定以亚速尔群岛和佛德角群岛以西100里格的子午线为划分，西边往美洲方向归西班牙，东边往非洲方向归葡萄牙。当时西班牙相信哥伦布，认为地球是圆的，往西可以到印度，并以为美洲大陆就是印度，所以才要请求教皇承认他们在美洲大陆的统治权，认为自己占了便宜。哪知后来才发现错了。而后与中国的贸易中之所以还有西班牙，是因为麦哲伦往东航行时占领了菲律宾，而才能以此为基地与中国进行贸易。虽然教皇子午线确定了现今世界的西班牙语区国家，但葡萄牙语区在东方的殖民地后来大多都被荷兰、英国、法国统治，而没有形成葡语系国家。

天主教早期是政教合一的，是一个社会性的组织机构，不像中国的佛教，是一个家庭性质的机构，一座寺庙像一个家庭，住持就是家长，一座座寺庙如一个个家庭。天主教则不一样，一开始它就是全社会性的。教皇是总领导，全世界范围内都是他的教区，罗马教廷是总的领导机构，每个教区由一个主教负责管理，一层层、一级级十分清楚，每一个周日礼拜，全世界每个角落都读着一样的经文。后来分离出了东正教和基督教。基督教不拜偶像，以"人"的情感和社会的实际成立一个自己的教会，理念相同者，联合起来像连锁店，各自以牧师为中心，服务于各自的社区，更加实际。中国外销瓷中的"基督教"内容瓷器，经历了一个由严格的宗教意义的象征物到以宗教为内容的商品这样一个过程。

1518 年，葡萄牙船队占领了马六甲海峡并建立了殖民地，同时也到达了我国的上川岛，他们在岛上立了根石柱，似乎象征着他们占领了这个岛。接着他们想进入中国进行贸易，当时在只有朝贡贸易的中国，要平等贸易似乎不太可能，正德皇帝没理他们，也不见他们，像打发叫花子一样，给他们一点东西，让他们回去吧：（下）诏给方物之直（值），遣其人（回去）。然而，这帮人不是来旅游的，没那么容易回去。于是，厌恶、恐慌或烦他们的心理出现了，

"其人久留不去，剽动行旅，至掠小儿为食……"抢劫来往商船，杀人掠货就不好玩了。于是冲突上升为战争，上川岛之战历时 40 天结束，而后一直冲突不断，中国人不会用大炮，船多人多却总是赶不走他们。于是，1557 年，嘉靖皇帝同意葡萄牙在澳门立足（图 1），正式与葡展开展贸易。在这之前，随船而来的一些传教士有的死在上川岛等地了。后来，有一位传教士用一种

图 1. 澳门风景，17 世纪绘，图片来自 *Portugal in Porcelain from China* 第 787 页

不同于同胞的方式进入了中国，他就是利玛窦（1552—1610，图 2）。他是意大利天主教耶稣会教士，先是到印度传教（1578~1580），1682 年 8 月抵达澳门，他从广东进入，一路走向中国内陆。他学习说中国话，穿中国衣服，学习中国文化并和中国各阶层的人交朋友，他认为中国除了没有天主的信仰之外，"中国的伟大乃是举世无双的"。利玛窦在江西的时间很长，他集中时间在南昌传教 3 年，形成了自己在中国传教的成功模式，被称为"南昌传教模式"。该模式主要是教授中国人自然科学知识，利用四书五经来传教。他用中文来介绍西方的数学、天文学和物理等科学知识。在被任命为中国教区负责人以后，

图 2. 利玛窦肖像，图片来自维基百科

还在南昌成功地预测了一次日蚀，因此使他声名鹊起，不仅被邀到著名的白鹿洞书院讲学，还和明王朱权的后代们建立了友好的关系。所以他在南昌和江西大多数地区都留下了足迹。

一开始利玛窦就把中国当成他传教的主要目标，在广州时，他送了一些钟表和其他礼物，要地方官员转送给朝廷，结果被官员贪污了。1598 年 9 月到达北京，由明朝官员联系太监觐见皇帝。因为当时正值日本侵犯朝鲜，太监不愿引见，他只有回到南京。第二次，他再赴北京，这次带了 16 件自鸣钟和洋琴等礼物，成功地见到了万历皇帝。利玛窦自己改编中文歌曲，在皇帝面前弹着琴演唱，自己会走的时间机器使万历皇帝和太后都很感兴趣。这里有个小插曲，太后知道了西洋钟后，要万历皇帝给他看，拿到后就舍不得还了，万历问利玛窦怎么办，机灵的利玛窦趁机要求留在宫中维修，因此 1601 年，利玛窦被获准长期住在北京,而且一直拿着朝廷的俸禄。他作为大航海时代天主教在中国传教第一人,并成功地打开了中国教区,当时就发展了三个重要的信徒:徐光启、李之藻和杨廷筠。1611 年去世后,葬在北京西郊,是第一例埋在北京的天主教传教士。设在澳门的天主教耶稣会,为纪念这位首次成功进入中国传教的耶稣会成员,在景德镇订制了一批绘有十字架的青花瓷（图 3），这是明清外销瓷中最早有宗教内容的瓷器之一。这

图 3.17 世纪中后期青花十字架纹饰罐,图片来自 *China for the West* 第 56 页

是一个小型的瓷罐,有点像小型将军罐的变体,在两边的圆形图内各有一个十字架,大约在利玛窦逝世了半个世纪后订制的,也是为葡萄牙耶稣会在中国澳门、在中国内地基本立足的纪念。

还有一件更早的宗教瓷订单,那就是西班牙皇帝菲利普二世给西班牙奥古斯丁修士会订制的,也是最早的中国外销瓷中的宗教内容瓷器,除了这个卵形面体的罐子之外,奥古斯丁修士会还订了一些盘子,只是现在很少看到了。1511 年,麦哲伦到了菲律宾后,西班牙在此与中国、日本、印度进行贸易,奥古斯丁修士会在菲律宾建立教堂和神像,菲利普二世为表彰他们而授予了他们这个徽章,徽章中双头老鹰头戴皇冠,那是哈布斯堡王朝,也就是菲利普二世的皇家家族徽章和耶稣的圣心结合在一起,奥古斯丁修士会于 1589 年在澳门开设了一家修道院,这个罐子在墨西哥的奥古斯丁会和澳门都有发现,估计是通过在澳门的修道院订制的,所以断代是 1590 年左右（图 4）。这个罐子没发现盖子,除去各博物馆、纪念馆和教会收藏的之外,在市场上流通的据说不到 10 件。

从明万历这件瓷器订制后一直到康熙海禁解禁之前,将近 100 年

的时间，没有发现存世的教会订制的宗教瓷器。1682年重开海上贸易，之后的1690年左右出现了一件康熙耶稣受难青花瓷，目前看到的有两个样式，一个只是十字架上是耶稣受难，另一个是十字架两边各画着一个人，两种画面都来自欧洲教会的印刷品。

这个收藏于皮博迪埃塞克斯博物馆的康熙耶稣受难青花罐（图5），从图案造型来看，有点像是纺织品上的图案，线条的流线手法像缎子的缝线或法国结等，所以也可能来自绣品，如挂毯之类的图案。当时中国人也制作出口欧洲等教会神父们穿的法衣和教堂里的布幔。所以，这个图案的来源推测也有它的合理性。皮博迪还收藏有一个圣水杯，是一个两件套的挂杯，后面是挂在墙上的、小的圣水杯，是受洗或接受神父祝福时使用的，代表着精神的洁净，一般都是来自教会的订制。一个十字架画在挂件的中央，下面有向上的三个箭头，是代表耶稣会的标志，这个样式多见于欧洲的陶器，从盖杯上的瓜棱形来看，这个订单来自金属原件的仿制（图6）。

美国著名的收藏家贺道夫先生收藏中国外销瓷长达50年的时间，我有幸买到他的一些藏品，并把其中的一些捐给了南昌大学博物馆。贺道夫收藏了一个康熙青花耶稣受难罐（图7），十分精美，和

图4. 青花纹章罐，图片来自 *Treasures of Chinese Export Ceramics* 第64页

图5. 耶稣受难青花罐，图片来自 *Treasures of Chinese Export Ceramics* 第308页

图6. 青花圣水杯，1700—1735年，图片来自 *Treasures of Chinese Export Ceramics* 第310页

皮博迪博物馆的青花罐上图案一模一样，也是同一批订制的，只是花的方向和配饰不同，极为精美的狮子衔环铜配饰是到欧洲后18世纪时加上去的。目前尚不清楚这个纹饰的宗教瓷是哪

图7-1.耶稣受难青花罐，配饰，作者收藏

图7-2.耶稣受难青花罐，作者收藏

里订制的，一般也是类似于耶稣会这样的天主教机构订制而给分布在各地的会馆使用，目前存世极少。

南昌大学博物馆还有一套来自霍道夫的耶稣受难杯碟（图8），这是康熙的典型器，极细致坚硬的薄胎，釉面纯清。耶稣一人钉在十字架上，两边是圣母玛丽亚和抹大拉的玛丽亚，这些设计来自欧洲都会的出版物，原件是版画插图。耶稣受难的故事出自《圣经·马太福音》第二十七章三十五节到五十节。耶稣头顶的文字是"INRI"，意思是"犹太人的王"。

康熙时期以前的宗教外销瓷都来自教会订制，作用一般是教堂使用和为了传教的，数量很少，存世量就更少了，一般只有上面这几种样式。

图8-1.青花耶稣受难杯碟，收藏于南昌大学博物馆

图8-2.青花耶稣受难杯碟，收藏于南昌大学博物馆

图9.雍正青花耶稣受洗盘，图片来自
Chrisitian Images 第35页

图10.矾红描金耶稣受洗盘，1720—1735年，
图片来自 *Treasures of Chinese Export Ceramics*
第311页

　　有三种样式的耶稣受洗纹饰，跨越了康熙、雍正两朝，
这种设计有可能是出于宗教性的商业动机。设计原图是一
幅欧洲绘画，取材于《圣经》故事中的《马太福音》第三
章第十五、十六节，画的是先行开路的约翰为耶稣受洗，
当耶稣站在约旦河中时，天开了，有圣灵从天上飞下来的
场景。青花描金的画面特别精致（图9），也是最早的一
个订制，边饰是三层锦地，山石风景花卉和锦地开光。中
心都是画着在约旦河上，两边是树木，耶稣光着上身，向
前倾着身体，约翰一只脚跪着，一只手按着耶稣的头，一
只手拿着权杖。这件青花纹饰应该是康熙时期的，现在比
较少见。另外矾红描金的两种比青花的晚，当时的订制数
量也很大，尤其是第二种样式（图10）：耶稣画得像一个
中国的青年人，边饰上的四个小天使更是像中国传统中的
胖小子。这个究竟是画工们只会画中国人，还是教会为了
在中国传教而故意要画工这样画的就不得而知了。总之，
这种中国人长相的耶稣瓷盘到了欧洲后大受欢迎。第三种

设计在背景和边饰上都有所改变（图11），目前这两种设计在市面上流通较多，其余的早期宗教外销瓷很少看到。这些都是1735年以前的订制。1735—1740年之间没有看到什么宗教题材外销瓷。

1740年左右开始，成百上千种西方绘画订单来到景德镇，其中最多的是墨彩绘制的西方神话、宗教和历史等题材，这里的宗教题材就不一定是教会订制的了。到了18世纪中后期基本上是商业运作这些宗教题材的外销瓷。整个订制过程长达40年（1740~1780）。因此，这批墨彩宗教瓷应该是有一些数量的。在题材内容上，"耶稣诞生""耶稣受难"数量比较多，"耶稣复活"和其他的圣经故事数量少一些，粉彩的宗教瓷"雅各娶妻"在井边找到丽贝卡的故事盘比较多，晚期绘画品质差了很多。

"耶稣诞生"来自荷兰版本的《圣经》（图12），由简·路肯（Jan Luyken，1649—1712）绘制，康熙时期及以前的宗教瓷大多是在中国传教的耶稣会订制，1740年订制宗教瓷与教会没有太大关系，和其他以版画为蓝本订制的外销瓷

图11. 矾红描金耶稣受洗盘，约1735，图片来自 *Reflections* 第84页

图12. 荷兰《圣经》插图，图片来自 *Christian Images in Chinese Porcelain* 第50页

一样，这个内容来自《圣经》中的插图。纹饰描绘耶稣在马厩中诞生，并有博士来访，和毛驴及玛丽亚和约瑟等。边饰大多来自荷兰的银器纹饰和其他的代尔夫特纹饰。简·路肯的版画插图是1734年在阿姆斯特丹第一次出版，该内容的外销瓷有多种样式，还有粉彩，其中粉彩的比较稀少。

"耶稣受难"图盘（图13），来源和"耶稣诞生"一样，是简·路肯的绘制，订制时间、器型和边饰也都一样，同时画了在抓阄分耶稣衣服的士兵和其他两个处死的囚犯，还有耶稣的五位亲人。1750年以后，荷兰首次把这个图用在外销瓷茶壶上，这样，宗教意义的纹饰就变成装饰了。当1778年荷兰东印度公司的押运员在运这一批"耶稣受难"茶具时，他认为这样做十分不好，是一种对神不敬的做法而提出了不满，而后这个内容很少生产了。

另外，还有些《圣经》内容的外

图13. 墨彩耶稣受难图盘，1740—1750，图片来自 *Christian Images* 第49页

图 14. 亚当与夏娃
墨彩茶具，1740年，
图片来自 *Treasures*
of Chinese Export
Ceramics 第 312 页

销瓷，数量没有"耶稣诞生""耶稣受洗""耶稣受难"及"雅各娶妻"那么多。如墨彩的"亚当与夏娃"（图14），画的是在伊甸园里，夏娃递给亚当一个苹果，后面是一棵苹果树，上面爬着一条蛇，两只鹿和一只老虎藏在树林中，欧洲关于"失乐园"的画作很多，这个瓷器可能来自一幅油画或版画，人们喜爱这个内容，更多的是男女情爱的本质更吸引人。

还有同样是旧约中的故事，现藏于皮博迪埃塞克斯博物馆的"发现摩西"乾隆墨彩茶壶（图15）。设计描绘的是在芦荻中发现摩西，原作来自不知名的欧洲画作，可能是在某本《圣经》中。

摩西的父亲叫暗兰，母亲叫约基别，都是利未家的人。据《圣经》记载，由于移居到埃及的犹太人劳动勤奋，以擅长贸易著称，积攒了大量财富，再加上从约瑟成为埃及宰相开始，犹太人口的大量繁衍，引起了执政者的不满以及恐惧，所以法老下令杀死新出生的犹太男孩。摩西出生后，其母亲为保其性命"就取了一个蒲草箱，抹上石漆和石油，将孩子

图 15. 发现摩西墨彩茶壶，1750 年，图片来自
Treasures of Chinese Export Ceramics 第 316 页

图 16. 拔示巴粉彩盘，约 1745 年，图片来自 *Chinese Export Porcelain in the Reeves Center Collection at Washington and Lee University* 第 200 页

放在里头，把箱子搁在河边的芦荻中"。后来被正在洗澡的埃及公主发现，带回了宫中。公主救下摩西并且将摩西当作自己的儿子抚养。摩西长大后一次失手杀死了一名殴打犹太人的士兵，为了躲避法老的追杀，摩西来到了米甸并娶祭司的女儿西坡拉为妻，生有一子。一日，摩西受到了神的感召，回到埃及，并带领居住在埃及的犹太人，离开那里返回故乡。在西奈山上，摩西得到了神所颁布的《十诫》，即《摩西十诫》。这一主题同样出现在中国外销瓷的烛台中。这一主题主要是 19 世纪前的画家所用，在当时并不是很流行。尽管如此，这一主题有一些代表画作，如拉斐尔、贝尔纳多·卡瓦利诺、根伯提诺·西哥诺利等作品。

《圣经》中关于女性与情爱的题材一直很受欢迎，在外销瓷中，不仅有很多个版本的"苏珊娜与长者"的画面故事，还有一些比较少见的情爱画面。比如这件瓷器上的故事（图 16），画的是《圣经·旧约》中的大卫王下属军官乌利亚（Uriah the Hittite）的妻子拔示巴（Bathsheba）是一位出了名的美女，有一天，拔示巴在洗澡，和苏珊娜一

图 17-1. 乾隆墨彩马丁·路德主题盘，图片来自 *Christian Images in Chinese Porcelain* 第 119 页

图 17-2. 乾隆墨彩圣依纳爵肖像带托茶碗，图片来自 *Christian Images in Chinese Porcelain* 第 107 页

图 17-3. 乾隆墨彩耶稣被拘捕奶壶，图片来自 *Christian Images in Chinese Porcelain* 第 97 页

图 18. 雍正粉彩十八罗汉大碗，作者收藏

样，美女出浴好像是最美的时候，大卫在屋顶上看见了，并诱奸了拔示巴，使她怀了身孕，为了得到她，大卫不惜借外邦之力杀了乌利亚，而后与拔示巴结婚，上帝为处罚大卫，杀死了他们通奸而生的长子（可怜孩子是无辜的）。后来，大卫成了以色列王，拔示巴为王后，他们生的儿子是著名的所罗门王。这个瓷盘中楼上那位吹号角的是大卫，这个题材的外销瓷更是少见。

在这些宗教题材的外销瓷外，还有一些比较特别的、不是太常见的，比如罗马天主耶稣会创始人圣依纳爵、基督教新教路德宗创始人马丁·路德、耶稣被罗马士兵拘捕等（图 17）。

中国外销瓷是全球文化的载体，它更多的是中国宗教内容，如佛教、道教。佛教中的如来、观音很多出口到国外，西方人多用于装饰，尤其是观音，和圣母子很像，所以他们很喜欢。其他还有十八罗汉（图 18），道教中的老子骑牛、老子出关、八仙，等等，也有很多的西方宗教内容。《圣经》中的内容大部分本文中都提到了，由于国外信教的人很多，宗教题材的外销瓷比较受欢迎。

010

大师与中国瓷器
——普龙克设计

荷兰东印度公司自1602年成立起，是一个半官方半商业性质的公司。公司具有行政权力，并拥有军队，他们把武力开拓与驻防和商业贸易连在一起，所以在贸易版图不断扩展的同时，开销也非常之大。因此，一方面用武力从南非一带开采银矿，另一方面尽力让商业活动利润最大化。

虽然自17世纪初荷兰人就开始称霸海上，但一直到17世纪中期，要和中国顺利地做成有利可图的贸易并不容易。他们仅在台湾有个小据点，而中国大陆一直在打仗，一边是大明皇帝，一边是李自成，一边是满族入侵，他们不愿把宝押在任何一方，于是只有通过中间商人间接地进行贸易。由于1662年海禁，荷兰人不得已转向与日本进行瓷器贸易。1682年海禁解除了，有大批中国商人满载着商品的货船来到巴达维亚港湾（雅加达）兜售，荷兰东印度公司通过他们间接地进行贸易。所以，在康熙时期，中国题材的外销瓷多，而西方订制的少，也就是这个原因。荷兰东印度公司在巴达维亚设有据点，有总督管理，

有军队和大批商人及其家属和
仓库，等等。经过多年的努力，
一直到 1739 年荷兰人才与广
州展开直接贸易。因此，1730
年以后，尤其是 1740 年才有
大量的西方绘画和订单进入中
国订制。

图 1. 科内利斯·普龙克自画像，图片来
自维基百科

　　虽然贸易进行得很成功，
但直接贸易是要现付金钱，间
接贸易首先要买货的钱是中国
商人出，荷兰人拿到货后付一
部分款，还有可能赊一部分款
到第二年再付。因此，他们建
议"荷兰应该每年寄去 6 件完整的、烧制好并画好的、需求量最大的
瓷器样本"。并回到以前的间接贸易，"并与他们商讨有关寄送、贸
易等方面的事宜"。东印度公司的管理者们写道："……可以从荷兰
寄去一些画有瓷器的画和图纸样本，以便在中国能生产出一模一样的
来。"于是，荷兰东印度公司要用符合欧洲市场的、有东方情调（当
时的时尚）的设计，来与中国做最成功的贸易。

　　他们要在荷兰陶瓷产地代尔夫特烧制样品，而代尔夫特却表示他
们只能烧出青花来。这似乎没有道理，因为当时代尔夫特烧制彩色应
该没问题。不论如何，这些设计只能用画稿来代替样品。

　　于是，他们找到了荷兰著名画家、设计师科内利斯·普龙克
（Cornelis Pronk, 1691~1759）（图 1）。小时候，和许多画家一样，
他不顾父亲反对，坚持学绘画，并跟随著名画家简·范·候登（Jan
van Houten, 1679—1713）学画画。成年后他给荷兰许多名人画过肖像，
但他更著名的是画城镇、乡村景色的风景画，而且还做了不少瓷器和
奖章设计。

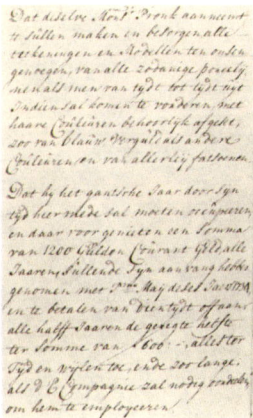

图 2. 合同书，图片来自 *Pronk Porcelain; Porcelain after designs by Cornelis Pronk* 第 11 页

荷兰东印度公司于 1734 年 8 月 3 日举行会议，通过了与普龙克签订一个为期 3 年的合同（图 2）。合同要求普龙克每年要为公司设计出一套设计图送去中国生产瓷器，一套是一份纹饰以及该纹饰在五种不同器型上的应用，也就是要有花瓶、盘子、汤盆，等等。所有的花费都由公司报销，他一年的薪水是 1200 荷兰盾。普龙克不仅设计了纹饰和样式，还做了模型。公司支付的含模型在内的开销，1735 年是 239.8 荷兰盾，1736 年是 154 荷兰盾，1737 年是 220 荷兰盾。普龙克为公司工作了 3 年半，共设计了四幅纹饰（图 3）。开始订制了餐具、茶具、瓶及五个的壁炉组合花瓶，后面加订了碗和盘子，所有普龙克设计基本上只有三个色系：青花、粉彩和中国伊万里样式三种。普龙克系列的瓷器全部在中国景德镇生产绘制，没有广州彩绘的。当时订购一件这样的瓷器，订单要先从广州发到景德镇，生产出来后还要运回广州，运输要走水路并要翻山越岭，耗时和费工费钱。

第一幅设计图创作于 1734 年，并于 1735 年抵达雅加达，就是这幅撑阳伞的女人（图 4）。为了赶圣诞节的商船去雅加达，设计比较

图 3.（从左至右）第一幅设计阳伞，第二幅设计四博士，第三幅设计庭园仕女，作者收藏

图 4-1. 阳伞纹饰瓷盘
设计图，图片来自 *Pronk
Porcelain: Porcelain after
designs by Cornelis Pronk*
第 15 页

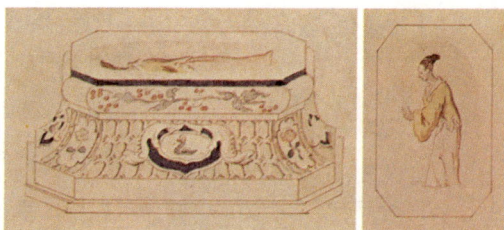

图 4-2. 阳伞纹饰盐缸设计图，图片来自 *Pronk Porcelain:
Porcelain after designs by Cornelis Pronk* 第 18 页

仓促，并计划后面将说明画稿和四份样品通过不同的船送去雅加达。这个设计在这一年的制作中，不同的器型产品都会有画稿。1736 年在中国生产同时也在日本生产，在日本生产的青花瓷，撑伞的女人被画成了日本女人（图5）。这件设计同时做了青花、粉彩和青花五彩的三种（图6），其中青花五彩的特别精致而稀少。画中描绘了一位站在水边的女士，对着地上的三只水鸟，好像是在喂鸟。她的身后，一位仕女斜着身体为她撑阳伞，水中游着一只鸭子，后面画着芦苇等植物。内边饰画着一圈由 8 朵玫瑰花和折枝花组成的条饰，外边饰是一排排如锦地纹一样、从银器纹饰中来的长方形图案，其中八个开光，四大四小，四个大的开光内画着鸟，小的开光内画着人物，背面画着精致的昆虫。

荷兰东印度公司满怀信心地将设计稿寄到了中国和日本，并要求这两地按设计图一样地制作，同时希望他们能在回信时写明："制作如此高档的瓷器需花费多少钱，以便我们可以依照这个价格大量订购。"在雅加达的荷兰东印度公司还保留了一套完整设计，以便瓷器到达时核对。虽然这个设计在日本有小量生产，但最终还是没有和日本

图 5. 日本产阳伞瓷盘, 约 1738 年, 图片来自 *The Choice of the Private Trader* 第 76 页

图 6-1. 乾隆矾红描金阳伞盘, 作者收藏

图 6-2. 乾隆粉彩阳伞瓷盘, 图片来自 Baroque & Roll 第 111 页

图 6-3. 乾隆青花阳伞盘, 作者收藏

达成协议, 日本要价太高了。因此, 在日本生产的可能是公司商人自己订制的, 公司并没有下单制作。

开始他们并不知道中国方面的情况, 1736 年在广州的押运员终于给雅加达来了封信, 说: "我们不敢按您要求数量订制瓷器, 因为实在太贵了, 为了完成任务, 我们只订制了一部分样品, 它们都装在一个标号为 NO.VOC185 的箱子里。" 押运员说如果全部按要求的数量生产, 差不多要 64000 荷兰盾, 那几乎是荷兰东印度公司一年购买瓷器的全部费用。因为每一件都要求和图纸一样, 因此, 景德镇方面也承担了较高的风险。他们烧制了很多, 如本来想要订制许多个椭圆形的水盆瓷器, 但都烧坏了, 最终只保留了九件 (这种信息在收藏时特别重要)。这个箱子里的瓷器总共是: 3 套餐具, 每套 371 件, 9 个椭圆形水盆, 19 套 28.5 厘米高的 5 件一套的壁炉组合花瓶和 10 套茶具。第一年全部也就订制了 1000 多件瓷器。

1738 年 12 月, 再一次运了 10 个水盆、5 套餐具和 5 套茶具, 这些瓷器的单价中青花最高, 粉彩最便宜, 分别是: 青花瓷共 1160 荷兰盾, 中

图 7. 中国版阳伞瓷, 图片来自 The *Choice of the Private Trader* 第 179 页

国伊万里样式的共 1120 荷兰盾, 粉彩的共 1040 荷兰盾。茶具分别为 64、62 和 56 荷兰盾。这样的购买订制价格也可为今日的收藏家提供参考。荷兰东印度公司在这以后再也没有订制阳伞系列的瓷器, 但在 18 世纪末市面上确实出现了一些在中国订制、订单记录中没有的这个纹饰的瓷器。这些瓷器中有长方形大浅盘, 有汤碗和椭圆形折沿盘, 船形调味碟和汤盘, 多为矾红描金, 在 1791 年出售过。估计是普龙克的兄长于 1772 年出售了他的收藏, 由于普龙克一直住在他兄长家, 所以这几幅设计图就被卖了出来。有可能收藏的人再次使用了该设计图订制中国瓷器。

中国人自己也生产了这个设计的瓷器来获利。1738 年第一个订单刚出来不久, 荷兰东印度公司的船长就写到, 在广州的瓷器商店可以买到由 371 件精致的瓷器组合成的、这个样式的成套餐具。但根据 1741 年的记载, 这样的瓷器在瓷器店只有这一套, 和荷兰原订制纹饰不同, 中国人把女士身后的仕女改成了小男孩, 中国人无法理解两个成年女性在一起, 而小男孩与女士的组合与传统的婴戏仕女图是一致的 (图 7)。普龙克设计的是女子郊游, 亲近自然,自我享受，与欧洲当时的风尚相吻合。中国则改成了家庭母亲带孩子出去，将女士改为母亲是因为她是要照顾自己小孩的，由此也可以看出中西文化的区别。

普龙克第一个设计耗时比较长，总共有这几种品种(图8)。设计是中西结合的元素，比较成功，只是价格太贵而没有大量订制。

第二个设计取名叫"博士"，我们通常称之为"四个博士"（图9）。普龙克在1735年就完成了设计，但荷兰东印度公

图8. 阳伞类型，图片来自 *Pronk Porcelain: Porcelain after designs by Cornelis Pronk* 第73页

司十七人董事会考虑到第一幅设计制作时间太长，于是1736年才寄出第二幅设计，要求和1734年的一样。画中坐着三个智者，其中坐在中间的和右边的手里各拿着一条鱼，他们后面还站着一个人，背景是开着鲜花的树，左边是篱笆上面站着一只孔雀，边饰画六个开光，里面是热带鱼，中间隔着六只水鸟，画面十分精美。

第二幅图和第一幅一样遇到了麻烦，雅加达的船1737年底都不

图9-1. 乾隆粉彩四博士瓷盘，作者收藏

图9-2. 乾隆青花四个博士瓷盘，作者收藏

能把设计送到广州，他们只有在当地请瓷器商人给这个设计估价。由于预估价格太贵，他们只订制了一小部分，5套餐具、54套壁炉装饰瓶。

1738 年 8 月又订了一批，10 套餐具、10 套茶具和 20 个水盆，这批货于 1739 年 3 月前全部运到了荷兰。这个设计目前没发现中国伊万里样式，中国伊万里样式到了雍正时期就很少了。和第一个样式一样，这个样式有青花和釉上彩绘制的，釉上蓝彩加上粉彩。18 世纪下半叶也没有再生产过"博士"瓷器。

　　1739 年，荷兰东印度公司管理层又寄出了这个设计的简洁样式（图 10），认为这样的设计会便宜一些。这个设计没有复杂的边饰，没有后面站着的人。这个简化的设计在普龙克的设计中并没有显示，也没有另外的报酬记录，也有可能是早期没被采用的设计。但对于这个设计，瓷器商们开价依然不低，东印度公司一度想放弃新的订制，但最终还是买了一些，并于 1741 年运回荷兰，共 60 套每套 371 件的餐具，30 套每套 94 件的餐具和 830 件茶具。虽然这是订制最多的一批瓷器，但现在看到的却不多，而且了解的人也不多。

图 10. 四博士纹饰简洁版设计图，图片来自 *Pronk Porcelain: Porcelain after designs by Cornelis Pronk* 第 19 页

图 11. 三星图罐，图片来自 *Pronk Porcelain: Porcelain after designs by Cornelis Pronk* 第 31 页

　　关于这三四个人坐在一起的纹饰，在中国有很多，如"三酸图""福、禄、寿三星和王母""王质观棋"，等等（图 11），估计普龙克从中汲取了一些元素。画图中盘子里、手上都有"鱼"，也许象征着中国吉祥图案"年年有余"的意思。

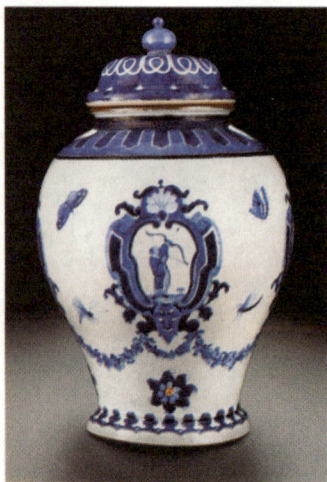

图 12-1. 乾隆弓箭手纹饰罐，图片来自 *ToCEC* 第 284 页

图 12-2. 乾隆花园女士图罐，图片来自 *Treasures of Chinese Export Ceramics* 第 287 页

　　第三幅设计可能是普龙克 1736 年设计的，于 1737 年寄出，1738 年夏天到广州。寄出时荷兰方面还没看到第一个设计的成品，因此所有的要求仍都和第一个设计一样。还好是当年路途遥远，信息反馈缓慢，否则当年十七人董事会知道第一个设计的订制状况，肯定会加以改变，那我们今日就看不到如此精美的普龙克设计了。然而，第三幅设计被直接送到广州时，广州的业务人员都忙着前两个设计订制的事，这个设计就没有送到景德镇，至今没有看到生产订制的记录，有人认为是这件"弓箭手"的（图 12-1），也有人认为是这件花园女士的（图 12-2），空中的鱼也和前两个边饰相似，纹饰也接近，但荷兰东印度公司没有制作这个设计的记录。

　　第四个设计应该是普龙克为荷兰东印度公司做的最后一件设计，于 1738 年寄往雅加达，1739 年到达广州，也就是这个公园凉亭系列（图 13）。当时的欧洲有郊游、休闲的风尚，这种享乐的风气一直到 19 世纪依然在印象派画中出现。这个设计是公园里凉亭下坐着两个女士，外面站着三个小孩，前景是一只在水里游的鸭子，边缘上有 12 个开光，其中画着蝴蝶、水果和花卉，间隔是棕叶和贝壳图案。在这个系列的设计中中国元素少一些，品种只有粉彩和青花的两种，没有伊万里样式，粉彩的绘制比青花要好一些，只有第一个设计是青花的最好。

同样也是因为价格太高，所以，他们只订了 6 套（一套 371 件）餐具，有青花也有粉彩，18 套茶具，两种各 9 套，以及 18 套壁炉组合花瓶，3 种不同样式的挂壁烛台，每种 6 对，6 件水盆，两种规格各 6 件的碗。这些瓷器于 1740 年发货运到荷兰。

在 1740 年左右，出现过一些和普龙克设计风格很像的中国瓷器，如号手、狮子狗、棕叶纹饰等（图 14）。荷兰东印度公司没有这些瓷器的订制记录，也没有发现相关的设计稿，但很有可能出自他的设计，或是他工作室的设计。这些图案的瓷器数量很少，有少数器型可能是独一无二的珍品。因此，这些很像普龙克的设计可能是私人订制的。

图 13-1.乾隆庭院粉彩瓷盘,作者收藏　图 13-2.乾隆庭院青花瓷盘,作者收藏

图 14-1. 乾隆黑釉描金号手图瓷器, 图片来自 *Chinese Export Ceramics* 第 61 页

　　和所有公司购买的瓷器一样, 荷兰东印度公司要把普龙克设计的瓷器在拍卖会上销售。然而全部的普龙克设计并没有都在拍卖清单上, 只有 1738 年到 1739 年的一些花瓶和水盆加入了 1739 年的拍卖。10 件撑阳伞的仕女每件卖 113 荷兰盾, 20 件博士纹饰的第一批瓷器每件卖 107 荷兰盾, 可是平均这些瓷器的成本每件是 175 荷兰盾, 这意味着他们损失惨重。1740 年的拍卖会上 10 套普龙克茶具每套卖 49 荷兰盾, 这在当时是十分昂贵的了, 但他们每套的订购成本应该是 62 荷兰盾。这就意味着他们生产越多, 损失越大。所以 1739 年他们明确

图 14-2. 乾隆普龙克工作室设计, 作者收藏

图 14-3. 乾隆棕叶纹饰瓷盘, 图片来自 *Baroque & Roll* 第 117 页

表示，价格降不下来他们就停止这项贸易。于是，他们试图通过一个设计大批量生产，使中国画工能把价格降下来。然而中国画工已习惯了长期不变的中国纹饰，有的画工终年累月的就撇两下兰草或竹子，对他们来说，普龙克的设计已经是复杂到底了，本来就不愿意画，还要降价，更不行。

于是1740年，人董事会只有下令停止这项贸易："……公司在过去几年由于这笔生意损失惨重，为此我们要停止这项贸易。"这项贸易在4年不到的时间里就停止了，似乎对古人和今人都是件高兴的事。对广州和雅加达的公司业务人员来说，让他们摆脱了许多麻烦，对今天的中国外销瓷收藏家来说，普龙克设计瓷是整个17、18世纪中国外销瓷中最独特的、唯一的大师设计瓷器，同时也是因为生产订制时间短、数量有限而品质独特又精致，使普龙克设计瓷成为外销瓷收藏中可以和官窑媲美的品种之一，而深受中外藏家喜爱，目前市场上流通数量不多。

011

西方餐桌上的
中国瓷器

图 1. 银器餐具画，图片来自 *Out of the Ordinary* 第 20 页

西方的餐桌在 15 世纪的时候，是非常简单的，那时候没有特定的餐具，只是开始使用两个尖的叉子来叉肉，也没有特别的餐刀，而这种两个尖的叉子来源于游牧民族狩猎的叉子。到 17 世纪早期，西方的餐桌开始讲究了一些，这时候开始有了三个尖尖的叉子和专门在餐桌上使用的餐刀。早期西方餐具大多是银器、玻璃器具和陶器（图1）。毫无疑问，葡萄牙是第一个订制仿西式餐具中国瓷器的国家，而那个时候仅仅是盘子和盐缸等，真正订制成套餐具的是荷兰东印度公司。荷兰东印度公司在早期开始订制的餐具大多是一些盘子和各种壶类，西方的上层社会把这些瓷器与银器在一起混合使用，而后在 17 世纪中期开始，一些银器和玻璃器的器具开始拿到中国来订制瓷器，到 18 世纪早期，

成套的餐具订制一般以120件到240件的规模大量在中国生产，一般包括套装的各种盘子和汤钵以及调味器，还有芥末壶、调料壶、沙拉碗等，后来随着法式进餐方式的普及，在18世纪餐具的品种开始越来越复杂，我们习惯把法国餐叫做"法国大餐"是有道理的，因为传统的法国餐最多的要上五六道菜，首先上开胃凉菜，然后是汤和炖品（图2），第三道是一系列的烤肉和蔬菜，第四道是肉和其他的饼类，第五道是热的和干的甜点，最后

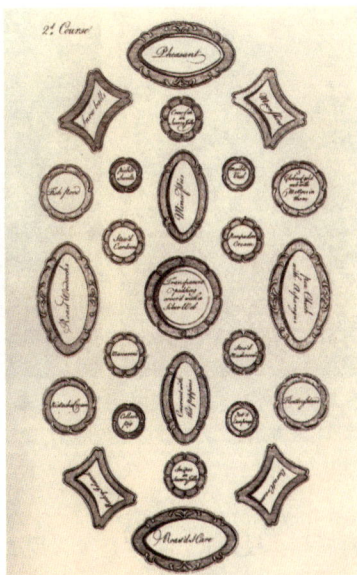

图2. 法餐第二道菜摆放图，图片来自 *Out of the Ordinary* 第22页

一道是时令水果。因此，餐具的成套品种数量就越来越多，多的一套餐具能达到600多件，这里面就包括比如不同样式的汤和炖品，比如鸭汤、鸡汤的器型就要求有一些区分，芥末、胡椒、白糖、肉桂，等等都要有不同的器型来放置。所以，18世纪的西方餐桌比较复杂。到19世纪，法式进餐的方式渐渐被俄式进餐所替代，其实俄式进餐法是由英国传入的，它是将食物以一道一道菜分别给宾客，和我们现在的分餐很相似。这样的话，就不需要采用保温的餐具了，比如温盆和盖盆等，餐具也简单了许多，因此许多18世纪在法式大餐中的餐具就不再生产了。

　　总而言之，西方的餐桌上是分餐制摆放餐具的，首先是长方餐桌，而不是如中国餐桌是圆的和正方形的。长方餐桌中间摆放的器皿，如大汤钵、潘趣酒大碗等，内圈是一些盛菜的大盘子，包括大奶壶、调

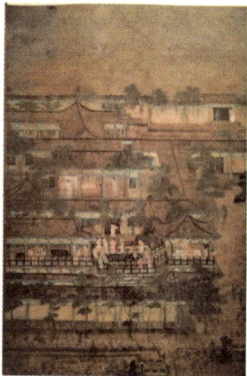

图 3-1.乞巧图,五代、北宋, 图 3-2.餐桌局部图,作者拍摄
佚名,作者拍摄

料瓶等,最外面一圈才是个人用的小盘子和刀叉等。这种餐桌的摆放和我们宋代很像,人们从宋画中看到了宋代人餐饮方式,也应该是分餐制的(图3)。西方餐桌上所有公共用的餐具都在中间,菜和汤等从中间分到每个人的小盘子里,有些大的汤盘或盘子还会配一个木制的架子,盛满了菜肴的大盘子放在架子上,等待桌上空出来就端上去。我们在购买外销瓷时,常会买到和大盘子配套的木架子。

到了康熙晚期才开始有成套餐具订制,雍正晚期以后,成套餐具订制就成为主流瓷器器型了。我们从 1731 年英国商人查尔斯·皮尔斯(Charles Peers,1703—1781)订制的450件粉彩餐具可以看到,他订制的餐具虽然数量比较多,却并不是全套餐具,还缺少整套餐具的一些常用器型:56个碟子(有5个尺寸)、200个盘子、12个分菜大盘(两种尺寸)、100个大盘、12个汤盘、2套茶具、6个大杯子、6个八分之一加仑的杯子、4对小杯子、4个大盘子、2套碗每套5个。如缺少后来餐具订制时都会有的汤钵(几个大汤钵和小汤钵)、调料瓶、盐缸(这两种器型一般是单

独订制，不放在一套餐具中制作)、
温酒盆、冰酒盆、奶壶奶杯，等等。
欧洲 18 世纪一次 15 道菜的餐桌是这
样子摆的（图 4）。我们看到西方餐
桌上基本是大小不同的盘子，只有"海
鲜粥"和"鸭肉蔬菜浓汤"是用汤钵
的。正餐前的点心和开胃菜一般用 12
寸的椭圆盘或圆盘，小开胃菜盘等用
6 寸或 8 寸的圆盘子。正餐中间的分
餐盘一般用 13 寸或 13 寸以上，极少
数特别的大场面用到 18 寸大盘，分

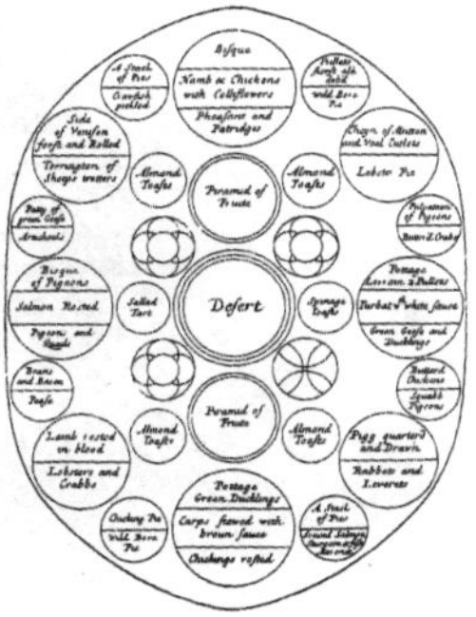

图 4. 西方餐桌布局，图片来
自 *Chinese Porcelain in the Conde
Collection* 第 208 页

到每个人的小盘一般 8 寸，调料和小菜盘为 6 寸盘，中间装汤用大汤
钵分到每个人用小汤钵或深底的汤盘。盘子有很多种，清代外销多用
折沿盘，折沿深底的则是汤盘，锅盘一般也用来装汤。正餐以后，还
会上甜点和喝咖啡或巧克力，一般有咖啡和巧克力用的壶和杯子。

下面我们就外销瓷中餐桌上用的特别餐具和日常生活中的各种瓷
器、日用瓷型作一一介绍。

首先是汤钵，汤钵到雍正中、晚期外销的质量特别好，那时粉彩
颜料已经有十几种色彩，做工极为讲究，康熙时期订制汤钵的不多，
雍正早期开始有了一些汤钵订制，但都是单独订制，回欧洲后再和其
他餐具组合起来的。南昌大学博物馆 2011 年拍到一个极为精致的粉
彩汤钵，当时拍卖前与参加拍卖的朋友聊天，得知一位从德国来的、
一位纽约当地的，还有一位从伦敦来的对这套汤钵有兴趣。于是我一
个个去做工作，他们一听说中国的博物馆要，又惊讶又高兴，十分支持。
最后我们以很好的价格拿到了（图 5）。这是一件雍正粉彩汤钵，是
海棠型的三件套，这种变化丰富的形状只能压坯成型，用了近 10 种
粉彩颜料画着各种花卉，在春意盎然的花卉丛中，蝴蝶和蜜蜂在其中
翩翩起舞，一派春暖花开的景象，汤钵的里里外外都画满了鲜花锦地，

图 5. 雍正粉彩大汤钵，
收藏于南昌大学博物馆

汤钵外观一共画了九层花卉和锦地装饰，托盘也画得十分精美，两边的拉手各是一个镂空的兽头，盖纽是一个镂空的皇冠，如此精美的汤钵在外销瓷中属高端藏品，可与官窑瓷器媲美。

英国伦敦有个中国外销瓷古董商，两夫妻继承的家族生意，先生身体很不好，两人年龄加起来也有 140 多岁了，依然每年在世界各地做三次展销，他们的后代都有自己的事业，没有人再接着往下把祖传的业务做下去。随着外销瓷越来越贵，他们一方面不愿放弃祖传的事业，另一方面又要投入更多的钱去买新东西，经常听到他们说不想干了，可是每次专场拍卖他们又必会到场，而且买的东西都不便宜。他们店里有一个汤钵（图 6），也是 1740 年左右的，十分精美，造型更为特殊，十几种色彩，画工极为精致，汤钵的盖子是仿清朝官员顶戴样式做的，顶纽做成了红宝石的形状，光一个纽部就画了八层，纽颈部画成荷兰瓣，盖面上画着莲花、菊花等各种花卉，盖子边沿是几层锦地开光纹饰，仅一个盖面就画了十五层纹饰等，这个汤钵不仅内外画工精美，而且器型比一般海棠形更为复杂，底部采用复杂的卷叶状

图 6. 乾隆粉彩巴洛克风格汤盆，图片来自 *Baroque & Roll* 第 68 页

图 7-1. 乾隆鸭形汤盆，1760 年，图片来自 *The Choice of the Private Trader* 第 120 页

老虎脚。这是一个极为少有的巴洛克风格的汤钵，原件是一件 17 世纪的银器，将这种银器和迈森样式的纹饰结合，再加进一些中国元素，这位古董商说，至今还没发现有第二件这样的汤钵。难怪它卖得比官窑瓷还贵。

　　欧洲的贵族和有钱人更喜欢用动物造型的汤钵，鸭肉菜汤是那里人们常吃的一道菜，所以，用鸭子雕塑造型做成汤钵的比较多（图7-1），有时也会采用鹅的造型（图7-2），其次就是鸡的造型汤钵（图7-3），海鲜汤用鸡、鸭的汤钵盛好像不太好，于是一些精美的鱼的造型汤钵很受欢迎（图7-4），有些鱼型汤钵里面空间做得比较小，似乎不太实用。西班牙和墨西哥一带特别喜欢牛头和猪头的汤钵（图7-5）。现在每

图 7-2. 乾隆鹅形汤盆，1768—1773 年，*Treasures of Chinese Export Ceramics* 第 378 页

图 7-3. 乾隆鸡形汤盆，1750—1780 年，图片来自 *Chinese Porcelain in the Conde Collection* 第 81 页

图7-4.鱼形汤盆，1760—1780年，图片来自 Treasures of Chinese Export Ceramics 第376页

图7-5.乾隆牛头形汤盆，1750—1755年，图片来自 Masterpieces of Chinese Export Porcelain from the Mottahedeh Collection in the Virginia Museum 第79页

次拍卖价格都很高，热汤放进动物器型的汤钵里，热气从动物鼻孔中冒了出来，每次宴会时听到客人赞叹特殊而精美的餐具和菜肴的美味，这家的女主人一定是十分满足。

汤钵还有小型的，是一个人用的，在餐桌上喝汤都用汤钵和汤盘。而当生病了要单独喝汤时，或女主人出门之前穿着打扮，因为17、18世纪女人出门的裙子里面有架子，要穿近一个小时的时间，所以有时会喝些汤，补补体力，这时都用小汤钵（图8）。

餐桌上除了汤钵外，还会放一些调味用的器具，比如芥末瓶、糖罐、盐缸、船形调味碟等，这些器型大多仿自欧洲的银器（图9）。调味瓶一般都是几件一套，通常会做一个可以手提的托架或没有手提的托盘，调料瓶就放在上面，一般有两个、三个或四个调料瓶放在一个托盆里的（图10-1），还有一种就干脆把两种调料放在一个器型里面，器型里面隔开，上面是两个口，各倒出不同的调料（图10-2）。

图 8. 粉彩小汤盆，收藏于南昌
大学博物馆

图 9. 陶瓷和银制调料
瓶，图片来自 *Out of
the Ordinary* 第 83 页

图 10-1 带底托调味瓶，收藏于
南昌大学博物馆

图 10-2. 康熙双口调味瓶，
1690—1700 年，图片来自 *Chinese
Expoert Ceramics* 第 24 页

还有一种放置甜点的瓷器，通过中间有海豚等动物雕塑的部分把三个贝壳形小盘子连接在一边，而小盘子就是用于盛放蜜饯、果脯等甜点的（图11）。这样的器具是在饭后甜点时使用，通常是晚餐成套餐具的一部分。餐桌上使用的主要器具还有刀叉、汤勺、沙拉碗、西餐盖盘等，都可以在中国订制瓷中找到。当有些热菜放在盘子上时，为防止菜变凉，有一些盘子会加做一个盖子，一般都是 13 寸或是更大的盘子，有椭圆形和海棠形，这种有盖的盘子不多，而且盖子容易被摔破（图12）。

除了这些主要餐具外，西方人也订制了不少其他辅助类的瓷器，如蛋杯、布丁模具、漏斗、盏托等。蛋杯由两个小杯组成，通常呈圆

图 13-1. 乾隆粉彩鸡蛋杯，图片来自 *Out of the Ordinary* 第 53 页

图 13-2. 乾隆粉彩布丁模具，图片来自 *Out of the Ordinary* 第 38 页

形和椭圆形，上下相对连在一起（图 13-1），在 17、18 世纪时进入到欧洲日常餐饮中，有意思的是它的使用方法在不同的国家还不一样，当时法国人从顶部敲碎鸡蛋，而德国人则从旁边敲。另外的布丁模具则是用于制作各类布丁甜点，通常是做成甜点成品的样子（图 13-2）。这样的器具不是在餐桌上使用，而是实用性的器具，而且存世量很少。这也表明当时中国瓷器已经触及西方餐饮文化的方方面面。

18 世纪欧洲人喜欢喝一种混合调制的酒，叫潘趣酒，于是在中国订制了很多潘趣酒碗，人们从里面勺出酒来放进杯子里（图 14-1）。这种酒碗一般直径在 30—38 厘米之间。西方人喝酒，有时要放冰块，可有些酒要加温，所以就有了冰盆（图 14-2）和温酒盆。冰酒器通过内里的冰块，使酒水保持冰冷，自法国路易十四以来，便广为使用。作为陈设器之一，它被放置在餐桌旁的桌橱上，后来渐渐放到餐桌上。还有一种酒器比较有意思（图 14-3），口沿做成了锯齿状，可以把酒杯挂在上面，据传为苏格兰人发明。

为了让客人可以随意加盐调咸淡，一套餐具中会订制一些小的盐缸。盐缸和调料瓶等一般需要特别订制。要特

图 14-1.乾隆粉彩潘趣碗，
图片来自 *Treasures of Chinese
Export Ceramics* 第 433 页

别订制的还有奶壶、奶杯、杜松子酒瓶、糖缸等，实际上整套餐具主
要是各种盘子。

杜松子酒瓶在外销瓷中比较多见，它有四个平面构成一个方形瓶
子，四个面都有绘画，一般青花比较多，大部分杜松子酒瓶在景德镇
绘制（图 15）。

在壶和杯子方面有点复杂，茶壶、酒壶、咖啡壶、巧克力壶，还
有茶杯和咖啡杯、巧克力杯，酒杯大多用玻璃杯替代。一般我们习惯
的样式都是茶壶，虽然有各种动物型、竹筒型、捆竹型、提梁壶，等等，
大多数中国样式都是茶壶。我们看到外销茶壶中有一部分只是在把手
和连接处、盖子、流等地方做了些装饰，有些原型来自银器。茶杯

图 14-2.乾隆至嘉庆期青花
冰桶，收藏于美国温特图尔
博物馆

图 14-3.康熙青花酒器，图片来自 *Treasures of Chinese
Export Ceramics* 第 125 页

图 15. 青花杜松子酒壶，1662—1772 年，图片来自 *Out of the Ordinary* 第 183 页

一般没有把手，咖啡壶基本上是西方样式，如塔形壶，等等（图 16-1），奶壶没有流嘴，和一个大奶杯一样加个盖子就是（图 16-2），巧克力壶一般比较小，把手有的和流嘴成九十度放置，有把子的杯子一般是咖啡杯，还有小的直筒形有把手的马克杯（图 16-3）。在外销茶具中，茶叶罐是要特别制作的，一般茶叶罐都是方形，器型比较复杂而特殊。

外销瓷器的日用瓷比较复杂的还有烛台。烛台有各种各样的器型，

图 16-1. 嘉庆塔形咖啡壶，收藏于美国温特图尔博物馆

图 16-2. 墨彩描金奶壶，收藏于南昌大学博物馆

图 16-3. 嘉庆墨彩马克杯，图片来自 The Choice of the Private Trader 第 197 页

图 17. 乾隆青花便盆，图片来自 *Out of the Ordinary* 第 328 页

有的器型十分复杂，还有仕女雕塑烛台、动物雕塑烛台等。另外，瓷器的手杖、烟斗、剃须盘、水瓶和壁瓶等，都是中国瓷器以前没做过的器型。还有婴儿澡盆、男女便盆等，更是中国瓷器历史上从没有的（图 17）。

参考书目

1.《荷使初访中国记》研究，[荷]包乐史、[中]庄国土著，厦门大学出版社，1989.1

2.艺术的故事，[英]贡布里希著，范景中译，南宁：广西美术出版社，2008.2

3.瓷之韵：大英博物馆、英国维多利亚与艾伯特博物馆藏瓷器精品，吕章申主编，北京：中华书局，2012.6

4.它们曾经征服了世界：中国清代外销瓷集锦，胡雁溪，曹俭编著，中国大百科全书出版社，2010.2

5.康熙耕织图，（清）焦秉贞绘，杭州：浙江人民美术出版社，2013.4

6.The Choice of the Private Trader: The Private Market in Chinese Export Porcelain Illustrated from the Hodroff Collection, David S. Howard, Zwemmer, 1994

7.Chinese Export Ceramics, Rose Kerr and Luisa E. Mengoni with a contribution by Ming Wilson, V&A Publishing, 2011

8.The Dutch East India Company: Expansion and Decline, Femme S. Gaastra, Walburg Pers, 2003.7

9.Kraak Porcelain : A Moment in the History of Trade, Maura Rinaldi, London: Bamboo Publishing Limited, 1989.11

10.Treasures of Chinese Export Ceramics from the Peabody Essex Museum, William S. Sargent, Yale University Press, 2012

11.Chinese Ceramics in the Collection of the Rijksmuseum, Amsterdam: the Ming and Qing Dynasties, Christiaan J. A. Jorg in collaboration with Jan van Campen, Philip Wilson Publishers Ltd, 1997.10

12.The RA Collection of Chinese Ceramics: A Collector's Vision, Maria Ant ό nis Pinto de Matos, Jorge Welsh Books, 2011

13.Pronk Porcelain: Porcelian after Designs by Cornelis Pronk, C. J. A. Jorg, Groninger Museum, 1980

14.Chinese Armorial Porcelain for the Dutch Market, Jochem Kroes, Waanders Printers, 2007

15.Chinese Armorial Porcelain Ⅱ , David Sanctuary Howard, Heirloom & Howard Limited, 2003

16.Mandarin and Menagerie: Chinese and Japanese Export Ceramic Figures, Michael Cohen and William Motley, Cohen & Cohen, 2008

17.How to Read Erotic Art, Flavio Febbao, Abrams, 2011

18.Seventeenth Century Jingdezhen Porcelain: From the Shanghai Museum and Butler Family Collections, Michael Butler and Wang Qingzheng, 2006.2

19.A Tale of Three Cities: Canton, Shanghai and Hong Kong, David S. Howard, Sotheby's, 1997.1

20.Global by Design: Chinese Ceramics from the R. Albuquerque Collection, Jorge Welsh Research & Publishing, 2016

21.Chinese Porcelain in the Conde Collection, William R. Sargent, Ediciones El Viso, 2014

22.Masterpieces of Chinese Export Porcelain from the Mottahedeh

Collection in the Virginia Museum, David Howard and John Ayers. Sotheby Parke Bernet, 1980.5

23.Out of the Ordinary: Living with Chinese Export Porcelain, Jorge Welsh, 2014

24.Made in China : Export Porcelain from the Leo and Doris Hodroff Collection at Winterthur, Ronald W. Fuchs   Ⅱ in collaboration with David S. Howard, 2005.2

25.Portugal in Porcelain from China : 500 years of trade, A. Varela Santos, Artem á gica Ida, 2007.10

26.China for the West, David Howard and John Ayers, Sotheby Parke Bernet , 1977.11

图书在版编目（ＣＩＰ）数据

一瓷一故事．名家带你赏清代名瓷．一／余春明著．－－南昌：
江西美术出版社，2017.1（2020.5重印）
ISBN 978-7-5480-4638-7

Ⅰ．①一…　Ⅱ．①余…　Ⅲ．①瓷器(考古)－鉴赏－中国－清代
Ⅳ．①K876.3

中国版本图书馆CIP数据核字(2016)第196187号

出品人　汤　华
责任编辑　窦明月
助理编辑　滕斯钰
责任印制　张维波　谭　勋
封面设计　梅家强
版式设计　梅家强　林思同　先锋设计

一瓷一故事·名家带你赏清代名瓷（一）
YICIYIGUSHIMINGJIADAINISHANGQINGDAIMINGCI（1）
余春明　著

出　版　江西美术出版社
社　址　南昌市子安路66号
邮　编　330025
电　话　0791-86565819
网　址　www.jxfinearts.com
发　行　全国新华书店
印　刷　三河市兴国印刷有限公司
版　次　2020年5月第1版第3次印刷
字　数　94千字
开　本　889×1194　1/32
印　张　4.75
ISBN 978-7-5480-4638-7
定　价　32.00元